Die schönsten

Land- & Hofcafés

in Schleswig-Holstein

Impressum
Copyright © 2012 by Cadmos Verlag, Schwarzenbek
Gestaltung: Ravenstein & Partner, Verden
Satz: Karin Prugger, Das Agenturhaus München
Überarbeitung Satz: jb:design – Johanna Böhm, Dassendorf
Projektleitung: Petra Klose
Lektorat: Anke Knefel

Bildnachweis:
Coverfoto: Frank Thamm

Fotos im Innenteil:
Eutin GmbH, 23701 Eutin: S. 90, S. 93, S. 94 unten

Fehmarn Tourismus GmbH, 23769 Fehmarn,
Internet: www.fehmarn-tourismus.de:
S. 93 oben, S. 95 oben, S. 96

Lübeck und Travemünde Tourist Service GmbH: S. 95 unten

Nordsee-Tourismus-Service-GmbH,
Postfach 1611, 25806 Husum,
Tel. 0 18 05-06 60 77 (0,12 Euro/Min.),
Fax 0 48 41-48 43,
Internet: www.nordseetourismus.de,
E-Mail: nordsee@t-online.de:
S. 11, S. 41 unten
Otto, Maike, Kur und Tourismus
Service Büsum: S. 41 oben
Ratzeburg Information: S. 116

RegionNord, 25524 Itzehoe, Internet:
www.regionnord.com: S. 14, S. 17

SCG: S. 59

Scheid, Silke: Redderhus Informationszentrum
für Tourismus, Umwelt und Natur: S. 67

Stadt Schleswig, 24825 Schleswig: S. 57, S. 58

Städtische Kurverwaltung Mölln: S. 117

Tourismus-Agentur Schleswig-Holstein GmbH: S. 94 oben

Tourismus Zentrale St. Peter Ording: S. 37 unten

fotolia: S. 18 Volker Werner, S. 71 Stefan Körber,
S. 89 K.-U. Häßler, S. 127 fredredhat, S. 4 oben links,
S. 37 oben Lars Koch, S. 97 Angela Parszyk,
S. 92 Gabriele Rohde, S. 70 Kalle Kolodziej, S. 40 Fotolyse,
S. 55 BUP-PIXEL - Fotolia.com, S. 56 Charlie Stein,
S. 119 Antje Lindert-Rottke,
S. 7 und S. 68 Anfor - Fotolia.com, S. 66 Rico K.,
S. 35 Jenny Thompson, S.7 und S. 34 Volker Z.,
S. 38 und S. 19 Fotolyse - Fotolia.com,
S. 10 und S. 39 JM Fotografie,
S. 4 und S. 37 Wolfgang Jargstorff,
S. 36 Norbert Dörnbach, S.16 dedi - Fotolia.com,
S. 7 und S. 15 Thorsten Schier,
S. 7, S. 54 und U4 Inge Knol, S. 9 crimson

Die im Bildnachweis nicht aufgeführten Bilder wurden uns von den einzelnen Cafés zur Verfügung gestellt.

Druck: Westermann Druck, Zwickau

Deutsche Nationalbibliothek – CIP-Einheitsaufnahme
Die Deutsche Nationalbibliothek verzeichnet diese Publikation in der Deutschen Nationalbibliografie;
detaillierte bibliografische Daten sind im Internet über http://dnb.ddb.de abrufbar.

Printed in Germany
ISBN 978-3-8404-3020-6

mein Landleben

Die schönsten

Land- & Hofcafés

in Schleswig-Holstein

Inhalt

Übersichtsplan

Schleswig-Holstein

Einfach schön: ländliche Idylle.

Moin, Moin!

Wochenende und Sonnenschein – was gibt es da Schöneres als einen Ausflug raus aufs Land. Gemütlich tuckert – oder radelt – man über die Landstraße, zwischen hügeligen Feldern hindurch, auf denen im Frühsommer fröhlich der Raps leuchtet, an Pferdekoppeln vorbei, durch lichte Wälder oder Alleen, hier und da ein prachtvolles Herrenhaus oder ein See am Wegesrand, und im blauen Himmel schweben malerisch Schönwetterwolken.

Ortsunkundige, die stets glaubten, Schleswig-Holstein sei einfach nur langweiliges „plattes Land", werden auf ihrer Landpartie schnell eines Besseren belehrt. So abwechslungsreich ist die Gegend zwischen Nord- und Ostsee, dass es nicht wenige immer wieder in den Norden zieht – und sogar für Menschen, die hier zu Hause sind, gibt es stets Neues zu entdecken. Weil solch eine Entdeckungstour an der frischen Luft hungrig macht, halten Sie dieses Buch in Händen. Wir waren für Sie unterwegs und haben Ausschau nach hübschen Einkehrmöglichkeiten gehalten. Nach Orten, an denen Sie sich mit Kaffee und Kuchen – und häufig sogar noch mehr kulinarischen Köstlichkeiten – stärken können. Nach Orten, die sich ins Landschaftsbild einfügen und an denen Sie auch jede Menge vom Lebensgefühl im Land zwischen den Meeren schnuppern. Das beginnt mit einem klassi-

Auch viele Vierbeiner fühlen sich im Norden wohl.

schen „Moin, Moin" zu jeder Tages- und Nachtzeit. Wenn sich Besucher aus südlicheren Gefilden erst einmal an diesen Gruß gewöhnt haben, werden sie ihn noch lange in Erinnerung behalten – und mit ihm die Herzlichkeit, mit der die Nordlichter sie empfangen haben.

Während diese herzliche Gastfreundschaft all den hier aufgeführten Cafés gemein ist, hat doch jedes auch seine ganz eigene Handschrift. Da gibt es Lokale in historischen Häusern, andere sind in alten Scheunen untergebracht oder in Ställen, in denen noch zehn Jahre zuvor Kühe ihr Zuhause hatten. Manche Cafés haben Hofbesitzer eröffnet, weil die Landwirtschaft nicht mehr genug abwarf. Oder eine Gastronomin verliebte sich in ein Landhaus und erfüllte sich mit der Café-Eröffnung einen lang gehegten Traum. Wir haben in diesem Buch eine bunte Mischung von Lokalitäten zusammengestellt. So werden Sie ein renommiertes Café-Restaurant, das auch die meisten Reiseführer schon für sich entdeckt haben, neben einem Familienbetrieb finden, der – nicht selten mehr zum Spaß als aus wirtschaftlichen Gründen – nur in der Saison und/oder am Wochenende seinen Gästen Kaffee und Kuchen kredenzt. Während die einen traditionell noch gebrühten Kaffee im Kännchen anbieten, setzen andere auf Latte macchiato und Co. Allen gemein: die Kuchen und Torten sind allesamt hausgebacken; oft kommen aus den Backstuben einzigartige Kreationen, die man sonst nirgends findet.

Weithin sichtbare Begleiter an Nord- und Ostseeküste: Leuchttürme.

Häufig bekommen Cafégäste aber noch viel mehr geboten als nur Süßes zur Kaffeezeit. Bei einigen der vorgestellten Lokalitäten handelt es sich um Landgasthöfe, bei denen die Kaffeetafel nur einen Teil des kulinarischen Angebots ausmacht. Und in etlichen der Cafés ist nicht nur fürs leibliche Wohl gesorgt: Da tun sich blühende Gärten fürs Auge auf, Kunstsammlungen oder gar komplette Kulturveranstaltungen bringen den Gästen neue Inspirationen. In angeschlossenen Hofläden werden regionale Spezialitäten, Antiquitäten oder Dekoration für Haus und Garten feilgeboten.

Wir haben die einzelnen Angebote sowie Übernachtungsmöglichkeiten direkt vor Ort übersichtlich zusammengefasst und verraten auch, welche Cafés Hochzeiten und andere Familienfeiern ausrichten – sogar Trauungen sind möglich. Schließlich ist nicht auszuschließen, dass Sie sich bei Ihrer Landpartie spontan zu einer solchen Land-Party entschließen. Darüber hinaus empfiehlt jedes Café Sehenswertes in der Umgebung und zur besseren Orientierung werden die entsprechenden Regionen Schleswig-Holsteins mit ihren Sehenswürdigkeiten kurz skizziert.

Übrigens, ein Ausflug aufs Land lohnt nicht nur im Sommer. Das weiß jeder, der sich schon einmal – vom Spaziergang durchgefroren und mit vom Wind zerzausten Haaren – vorm knisternden Kaminfeuer bei einer heißen Tasse Kaffee aufgewärmt hat.

Viel Spaß auf Ihrer Entdeckungsreise!

Reetgedeckte Häuser finden sich überall in Schleswig-Holstein.

Steinburg und Pinneberg

Region 1

Winterros 1
22880 Wedel
Tel. 0 43 01-88 805
Fax 0 43 01-97 442

Hohenhorster Chaussee 58
25489 Haselau-Hohenhorst
Tel. 0 41 29-7 45
Fax 0 41 29-95 52 90

Herzhorner Rhin
25348 Engelbrechtsche Wildnis
Tel. 0 41 24-93 76 84
Fax 0 41 24-30 71

Hohenhorster Chaussee 28
25489 Haselau-Hohenhorst
Tel. 0 41 29-7 57
Fax 0 41 29-9 53 33

Waldweg 52
25337 Kölln-Reisiek
Tel. 0 41 21-7 16 13
Fax 0 41 21-64 91 06

Jägerstraße 35
25436 Heidgraben
Tel. 0 41 22-71 51 01
Fax 0 41 22-71 51 08

Dorfstraße 80
25336 Klein Nordende
Tel. 0 41 21-4 91 57 42
oder
Tel. 0174-910 08 71

Blühende Natur erwartet Besucher in vielen Winkeln.

„Dat schall glücken und dat mutt glücken, und denn schall se ok Glückstadt heten!“, soll Christian IV., König von Dänemark und Norwegen sowie Herzog von Schleswig und Holstein, beschwörend ausgerufen haben, als er 1617 die Gemeinde Glückstadt, etwa 50 Kilometer von der Elbmündung entfernt, gründete. Er versprach den Einwohnern Religionsfreiheit, kostenlose Baugrundstücke und Steuerfreiheiten – und legte damit den Grundstein für eine freidenkende und lebendige Kultur seiner Reißbrettstadt, die nach dem Vorbild italienischer Renaissancestädte gebaut wurde. Sein Ziel, ein bisschen was vom Reichtum des großen Nachbarn Hamburg abzubekommen, war hoch gesteckt. Trotz des mit Nachdruck betriebenen Baus der Stadt, in der sich holländische Glaubensflüchtlinge sowie Juden niederließen, konnte sie der Hansestadt den Rang nicht ablaufen. In dieser Zeit, in der die Dänen bis vor die Tore Hamburgs rückten, entstanden zahlreiche monumentale Barock- und Renaissancebauten der Region.

Diese Vergangenheit sieht man der wunderbar erhaltenen und unter Denkmalschutz stehenden Altstadt Glückstadts mit den vielen historischen Bürgerhäusern und Adelshöfen, wie zum Beispiel dem Wasmer- und dem Brockdorff-Palais, heute noch an. Ein breiter Kanal – das Marktfleth – teilt die Stadt in zwei Hälften und markiert das gesellschaftliche Zentrum. Wer an ihm entlangwandert, kann ein bisschen von der Begeisterung des Dänenkönigs nachvollziehen. Vor-

Herrliche Wege in Naturschutzgebieten laden zum Wandern ein.

bei am Marktplatz mit seinem Renaissance-Rathaus und der Stadtkirche - beide nach den Wünschen von Christian IV. erbaut - führt der Weg an den Hafen. Das Palais Quasi Non Possidentes mit großartigem Sandsteinportal dient heute als Kulturzentrum. Im Königshof, ein paar Häuser weiter, wohnte Christian IV., bis sein Schloss fertiggestellt war, das im 18. Jahrhundert abgerissen wurde. Das Wohnhaus samt achteckigem Wiebke-Kruse-Turm schenkte der König seiner Mätresse. Im Binnenbereich des Hafens schaukeln heute weit über hundert Yachten und Segelschiffe auf den Wellen. Auch am Außenhafen, an der Elbe, herrscht geschäftiges Treiben zwischen den großen Stückgutfrachtern, die Waren für Papier-, Zement- und Holzfirmen anliefern. Die maritime Vergangenheit der Region an der Unterelbe ist gerade hier lebendig. Die Flusslandschaft bis zur Nordsee ist geprägt von solchen alten Häfen, Kornspeichern, Kränen, historischen Schiffen und Leuchttürmen.

Genau wie die großen Nachbarstädte Pinneberg und Itzehoe ist auch Glückstadt eine Stadt der Pendler geworden. Sie schätzen zwar die Nähe zur Metropole Hamburg, aber atmen doch auf, wenn ihr Blick wieder über die grünen Marschlande entlang der Elbe oder zu den waldreichen Geestlandschaften des Hinterlandes schweift. Ruhig geht es meist zu in diesem platten Landstrich zwischen Hamburg und der Nordsee. Kühe und Schafe grasen auf fruchtbaren

Am Nord-Ostsee-Kanal kann man die großen „Pötte" aus aller Welt beobachten.

Weiden, auf der Elbe tuckern die großen Containerschiffe der Nordsee entgegen und kleine Dörfer mit pittoresken Fachwerkhäusern, reetgedeckten Bauernhöfen und gepflegten Gärten prägen das Bild.

Naherholungsgebiete wie der Klövensteen, die Holmer Sandberge oder die Haseldorfer Marsch bieten mit ihren vielen Wander-, Rad- und Reitwegen zahlreiche Ausflugsziele für Familien: Am Klövensteenweg etwa liegt ein großer Waldspielplatz und am Sandmoorweg befindet sich ein Wildgehege, wo viele Tierarten wie Rot- und Damwild, Wasservögel, Frettchen und Uhus beobachtet werden können. Gerade für Großstadtkinder haben solche Naturerlebnisse große Anziehungskraft. Bei einem Radausflug entlang des Elbdeichs, durch die idyllische, von Kopfweiden gesäumte Marsch, oder einer Kanuexpedition auf der Stör sind zahlreiche Wildvögel zu beobachten.

So viel frische Luft macht hungrig. Am Wochenende werden die kleinen Landcafés und Restaurants der Region von den Erholungssuchenden bevölkert. Sie schätzen vor allem die frische Luft, den weiten Blick und die gemütliche Dorfatmosphäre. In der Umgebung von Pinneberg verbinden viele den Ausflug ins Grüne mit einem Besuch einer der zahlreichen Baumschulen, die von sich selbst behaupten, weltweit unübertroffen zu sein bei der Anzahl der Züchtungen von

Verwunschene Höfe laden zum Träumen ein.

unterschiedlichen Gehölzarten. Die Jüngeren lockt es wohl eher in die seit Juli 2007 fertiggestellte Wasserski- und Wakeboard-Arena oder zu den Graffitikünstlern von „Planet Alsen“ im ehemaligen Zementwerk in Itzehoe. Das stillgelegte Industriegelände ist seit 2004 Treffpunkt von Kreativen und Künstlern; hier finden regelmäßig Rockkonzerte, Filmfestivals und Ausstellungen statt.

Kulturell hat der ganze Landkreis einiges zu bieten: Vom Dorfmuseum in Ottenbüttel bis zum Kreismuseum Prinzeßhof, von vielseitiger Kleinkunst bis zu Aufführungen im Theater Itzehoe – ganz nach Lust und Laune gibt es zahlreiche Möglichkeiten für Jung und Alt. Größere Feste, die viel Publikum anlocken, sind jedes Jahr die Itzehoer Woche, das Fahnenschwenken in Krempe, der Geranien- und Töpfermarkt in Kellinghusen, die Steinburger Pellkartoffeltage – und die Matjeswochen in Glückstadt. Jeden dritten Donnerstag im Juni warten tausende Besucher darauf, dass der Bürgervorsteher der Stadt zur Kostprobe in den neuen Matjes beißt. Damit wird die Saison feierlich eröffnet. Anschließend wird vier Tage lang in der Innenstadt Glückstadts gefeiert: mit Flohmarkt und Kindermeile, maritimer Kunst und Kultur, Schiffsbesichtigungen und Matjes in seiner ganzen Vielfalt. In den vergangenen Jahren hat die Heringsfischerei auf der Unterelbe zwar stark abgenommen, aber

Auch ein „Heringsfischer“: die Silbermöwe.

auch wenn der Matjes nicht mehr in der alten Heringsfischerei hergestellt und von eigenen Loggern gefangen wird, hat das Rezept überdauert. Der original Glückstädter Matjes wird auch heute noch vom Hotel-Restaurant Raumann nach altbewährtem Rezept hergestellt.

Ganz wie es der Dänenkönig Christian IV. einst geplant hatte, gelingt es der Region um Pinneberg, Itzehoe und Steinburg, während solcher regionaler Volksfeste die Gäste von nah und fern anzuziehen. Die unverwechselbare Atmosphäre jedes einzelnen und die ausgelassene Stimmung zeigen, dass auch die Nordlichter wissen, wie man feiert. Das beweisen sie zudem jedes Jahr beim musikalischen Highlight der Region, dem Schleswig-Holstein Musikfestival. Udo Prinz von Schoenaich-Carolath hat die klassischen Konzerte zum Beispiel nach Haseldorf geholt. Der ehemalige Rinderstall des Gutes wurde entsprechend umgestaltet, sodass die Zuschauer ungetrübten Musikgenuss in familienfreundlicher Konzertatmosphäre erfahren. Auch in der Stadtkirche in Glückstadt, im Theater Itzehoe oder im Reitstall Elmshorn finden jedes Jahr Konzerte in einmaligem Ambiente statt. Renommierte Künstler wie Anne-Sophie Mutter, Max Raabe oder Till Brönner, die normalerweise in den großen Konzerthallen und Opernhäusern der Welt spielen, musizieren dann zwischen Strohballen oder Kirchenbänken.

Die Veranstaltungen locken jedes Jahr nicht nur Besucher aus der Marsch, sondern aus ganz Schleswig-Holstein und aus Hamburg an. Dann ist man doch ein kleines bisschen davon überzeugt, dass der alte Dänenkönig sein Ziel wenigstens ein wenig erreicht hat.

Der Binnenhafen in Glückstadt ist immer einen Besuch wert!

1 Obst-Paradies Kleinwort – Café und Hofladen

Adresse
Winterros 1
22880 Wedel
Tel. 0 43 01-8 88 05
Fax. 0 43 01-9 74 42
info@obst-paradies-kleinwort.de
www.obst-paradies-kleinwort.de

Öffnungszeiten
Café: Mi. – Sa. 14 – 18 Uhr,
So. 10 – 18 Uhr
Ruhetag: Mo. und Di.
Gesellschaften sind nach Anmeldung möglich

Laden: Tägl. 9 – 18 Uhr

Plätze
100 Caféplätze
50 Außenplätze

Ob nach einem Spaziergang durch die idyllische Marsch oder einer Fahrradtour entlang der Elbe – hier vor den Toren Hamburgs ist der ideale Ort, abseits vom Großstadttrubel zu entspannen. Der Himmel ist weit, der Wind riecht schon nach Nordsee und der Blick reicht über den Fluss bis ins Alte Land – Urlaubsgefühle stellen sich ein.

Der traditionsreiche Hof der Familie Kleinwort in der Wedeler Marsch, ein Familienbetrieb aus dem Jahr 1901, hat im Lauf seiner Geschichte zwei schweren Sturmfluten standgehalten und sich vom Ackerbau- und Viehzuchtbetrieb in ein wahres Obst-Paradies verwandelt. Auf einer Fläche von 19 Hektar baut die Familie Kleinwort 15 verschiedene Apfelsorten, Erdbeeren, Himbeeren, Johannisbeeren, Stachelbeeren und Sauerkirschen an. Das Obst wird im eigenen Hofladen, auf Wochenmärkten und seit 1989 auch direkt auf dem Hof zum Selbstpflücken angeboten. Und wer nach reicher Ernte eine Pause einlegen möchte, kann sich gleich im Anschluss mit Kaffee und Kuchen verwöhnen lassen.

2005 wurde der frühere Heu- und Kistenboden in ein gemütliches Hofcafé umgewandelt. Seitdem entstehen aus dem erntefrischen Obst leckere hausgemachte Kuchen und Torten, die man bei einem heißen Pott Kaffee und einem traumhaften Blick über die Wedeler Marsch genießen kann – je nach Wetterlage entweder draußen auf der einladenden Terrasse oder in den hellen, freundlich gestalteten Innenräumen. An Sonn- und Feiertagen wird hier auch gern lange und ausgiebig gefrühstückt. Und während die kleinen Gäste sich auf dem großen Spielplatz austoben, können die Erwachsenen im Hofladen bei Obst und Gemüse, hausgemachten Marmeladen, Eingelegtem und Hochprozentigem stöbern.

Besonders beliebt sind die Hoffeste, zu denen Familie Kleinwort jedes Jahr einlädt, angefangen vom großen Osterfeuer über das Erdbeerfest bis zum Erntedank im Oktober. In den Sommermonaten werden nach Absprache Familienfeiern auch auf dem großen Grillplatz ausgerichtet.

Anfahrt

Mit dem Auto

B431 von Wedel aus Richtung Holm, kurz vor dem Ortsausgangsschild rechts in die Hatzburgtwiete, dann der Beschilderung folgen.

Mit dem Fahrrad

- Vom S-Bahnhof Wedel aus über Mühlenstraße, Schulstraße, Jungfernstieg, Brooksdamm und Saatlandsdamm
- vom Elberadweg über Fährmannssand, Langer Damm

Extras

- An Sonn- und Feiertagen Frühstück von 10 – 13 Uhr
- Im Sommer Organisation von Familienfeiern auf dem großen Grillplatz
- Hoffeste, z. B. Osterfeuer, Erdbeerfest, Erntedank
- Hofladen: 15 verschiedene Apfelsorten und anderes Obst aus eigenem Anbau, Säfte, „hochprozentige“ Spezialitäten, Fruchtaufstriche
- Obst zum Selbstpflücken

Sehenswertes in der Umgebung

- Willkomm Höft am Schulauer Fährhaus in Wedel
- Fahrradtouren oder Wanderungen durch die Wedeler Marsch und entlang der Elbe

Adresse
Hohenhorster Chaussee 58
25489 Haselau-Hohenhorst
Tel. 0 41 29-7 45
Fax 0 41 29-95 52 90

Öffnungszeiten
So. und Mo.
14 – 18 Uhr

Plätze
70 Caféplätze
50 Außenplätze

Anfahrt
Mit dem Auto
Von Norden über die A23, Abfahrt Tornesch/Uetersen, von Uetersen auf der B431 weiter, in Heist Richtung Haselau fahren
Von Hamburg auf der B431 über Wedel, in Holm Richtung Haseldorf

Mit der Bahn
Bahnhof Wedel, weiter mit Bus bis Mühlenwurth-Kehre oder mit Fahrrad über Holm, Hetlingen, Haseldorf

Extras
- Jeden 1. So. im Monat Frühstücksbuffet nach vorheriger Anmeldung
- Wechselnde Ausstellungen im Cafébereich
- Gruppen und kleine Feiern jederzeit auf Anmeldung.

Übernachtung
1 Doppelzimmer

2 Hof Mühlenwurth

Als Marsch, so klärt ein Blick ins Lexikon auf, bezeichnet man das Schwemmland der Küsten und Flüsse. Auch im Gezeiten-Einflussgebiet der Elbe gibt es solche Marschen. Die kleinste Elbmarsch ist die Haseldorfer Marsch, etwa 20 Kilometer westlich von Hamburg. Mitten in dieser fruchtbaren Gegend steht der Hof Mühlenwurth mit seinem Café im einstigen Kuhstall und dem Bauerngarten, der im Sommer zum Draußensitzen einlädt. Im „Lütten Loden“ können Sie nette Kleinigkeiten für zu Hause kaufen. Familie Schuldt schafft es, einen Besuch auf ihrem Hof zum unvergesslichen Erlebnis zu machen, sei es durch die selbst gebackenen Kuchen und Torten (probieren Sie die Apfeltorte mit Eierlikör-Sahne!), sei es durch die Liebe zum Detail, die sich zum Beispiel in den selbst gebastelten Speisekarten (derzeit in Form von Kaffeefiltern) widerspiegelt. Vom Garten aus gelangen Sie über einen Fußweg übrigens direkt zum Elbdeich – dort können Sie nach zu üppigem Tortengenuss noch einen Verdauungsspaziergang unternehmen.

Sehenswertes in der Umgebung
- Rosarium Uetersen
- Arboretum Ellerhoop
- Hetlinger Schanze
- Wedeler Schiffsbegrüßungsanlage
- Sperrwerke Pinnau und Krückau
- Haseldorfer Schlossgarten
- Haseldorfer Marsch

3 Poppenhuus

Saftige Wiesen, gepflegte Gärten, reetgedeckte Bauernhäuser, gemächlich grasende Kühe – in dieser ländlichen Idylle steht das Poppenhuus, ein denkmalgeschützter Reetdachhof aus dem Jahre 1725. Seinen für seine Größe ganz und gar unpassenden Namen verdankt er Flora, der römischen Göttin der Blumen und der Jugend, deren Skulptur in einem Erker über der Haustür über das Anwesen wacht. Der für die damalige Zeit ungewöhnliche Fassadenschmuck wurde schlicht als „Poppe" (Puppe) bezeichnet, und schon hatte der Hof seinen Namen weg. Heute ist er vor allem für die nach traditionellen Rezepten gebackenen Kuchen und Torten sowie unprätentiöse Speisen wie Mehlbüdel mit Bauchspeck und Kirschsauce oder Rübenmalheur, bekannt, die in der Diele oder im Café serviert werden – ländlich idyllisch eben.

Adresse
Herzhorner Rhin
25348 Engelbrechtsche Wildnis
Tel. 0 41 24-93 76 84
Fax 0 41 24-30 71

E-Mail:
EW-Poppenhus@t-online.de
www.Poppenhus.de

Öffnungszeiten
Sa. ab 14 Uhr
So. ab 11 Uhr
Werktags nur nach Vereinbarung

Plätze
50 Caféplätze
120 Plätze auf der Diele
50 Außenplätze

Anfahrt
Mit dem Auto
Von Süden: A23 Abfahrt Elmshorn, dann B431 nach Elmshorn, Landstraße nach Glückstadt, rechts ab zur Engelbrechtschen Wildnis
Von Norden: A23 Abfahrt Hohenfelde, links Richtung Glückstadt bis Engelbrechtsche Wildnis

Mit der Bahn
Bahnhof Glückstadt

Extras
- Denkmalgeschütztes Haus
- Spielplatz, Streichelzoo
- Kanuanlegestelle

Sehenswertes in der Umgebung
- Glückstadt
- Großes Radwegenetz

4 Marschcafé

Adresse
Hohenhorster Chaussee 28
25489 Haselau-Hohenhorst
Tel. 0 41 29-7 57
Fax 0 41 29-9 53 33

Öffnungszeiten
Sommersaison:
Di. – So. ab 14 Uhr
Ruhetag: Mo.

Wintersaison
(bis Mitte Februar):
Sa. und So. ab 14 Uhr

Betriebsferien:
Mitte Dezember bis
Mitte Januar

Plätze
60 Caféplätze
30 Außenplätze

Einst wurden die Vorfahren der Familie Plüschau neben vielen anderen ihrer Landsleute aus Holland ins Land an der Elbe gerufen – man brauchte die Wasserbauspezialisten, um die versumpften Elbauen trockenzulegen und für die Landwirtschaft nutzbar zu machen.
Wie die meisten Holländer, die vor rund 800 Jahren auf diese Weise in die Elbmarsch kamen, ließen sich auch die Ahnen der Plüschaus in dem gerade urbar gemachten Landstrich nieder, um zukünftig von Getreideanbau und Viehzucht zu leben. Daran hat sich bis heute nicht viel geändert: Raps, Weizen und Silomais stehen auf den Feldern, Milchkühe weiden auf den Wiesen und mit einigen Holsteiner-Stuten wird nach wie vor Pferdezucht betrieben. Bei so einer langen Tradition nimmt sich das 1998 neben dem Hof eröffnete Marschcafé geradezu als Neuheit aus, obwohl das gemütliche Café längst zum beliebten Ausflugsziel (nicht nur) großstadtmüder Hamburger geworden ist.
In der rund 200 Jahre alten Reetdachkate direkt neben dem Plüschau-Hof war früher die Dorfschule untergebracht, dann

wurde sie als Brandreißerkate genutzt. Brandreißer stellten aus Weidenzweigen Ringe zum Kranzbinden und Fassreifen zum Verschließen von Butterfässern her – ein ehemals blühendes Gewerbe. Erst in den siebziger Jahren zogen die letzten Brandreißer aus. Danach wurde die Kate zu Wohnzwecken genutzt, bevor schließlich die Plüschaus auf die Idee kamen, dort zu Kaffee und Tee selbst gebackene Kuchen und Torten, Eis und deftige Kleinigkeiten zu servieren. Kinder finden rund ums Haus Spielmöglichkeiten und allerlei zu entdecken, auch Schaukel und Sandkiste für die jüngsten Gäste fehlen nicht. Spricht das Wetter eher gegen einen Streifzug auf dem Gelände, wird die Zeit in der Spielecke trotzdem nicht lang.

Die Erwachsenen können sich derweil in dem kleinen Shop umsehen und Körnerkissen, Kochbücher, Topflappen sowie norwegische Strickwaren und Wolldecken erstehen. Schöne und zugleich nützliche Souvenirs an einen unvergesslichen Tag in der Haseldorf Marsch.

Anfahrt

Mit dem Auto

Elbuferstraße über Wedel nach Haselau/Hohenhorst oder A23 bis Abf. Tornesch, Richtung Uetersen bis Haselau/Hohenhorst

Mit der Bahn

S-Bahnhof Wedel, Bus bis Haseldorf

Extras

- Spielecke, Spielplatz
- Pferde und Rinder
- Verkauf u. a. von norwegischen Strickwaren und Wolldecken

Sehenswertes in der Umgebung

- Arboretum Ellerhoop
- Elbstrand von Hamburg bis Glückstadt
- Naherholungsgebiet Haseldorf mit Schlossgarten, Hafen, Naturschutzgebiet
- Hengststation
- Kirche
- Obstbaubetriebe
- Rosarium Uetersen
- Hetlinger Schanze (Elbstrand)
- Schiffbegrüßungsanlage in Wedel
- Sperrwerke Pinnau und Krückau

5 Landcafé Uhlenhoff

Adresse
Waldweg 52
25337 Kölln-Reisiek
Tel. 0 41 21-7 16 13
Fax 0 41 21-64 91 06

E-Mail:
info@uhlenhoff-reumann.de
www.uhlenhoff-reumann.de

Öffnungszeiten
Februar bis Ende Dezember
Sa., So. 9.30 - 12.30 Uhr
Voranmeldung (Landfrühstück)
und 14 - 18 Uhr sowie nach
Vereinbarung
April bis September auch
freitags 14 - 18 Uhr

Betriebsferien:
24. Dezember - 31. Januar

Plätze
50 Caféplätze
50 Außenplätze

Selbst gebackener Milchstuten, krosse Brötchen, knackiges Müsli, selbst eingekochte Marmeladen, samtig-goldener Honig aus der Region, selbst angemachte Salate, eine Fischauswahl, Aufschnitt aus der Landschlachterei, Rührei, frisches Obst, Säfte, Milch, Tee, Kaffee und dazu ein Glas prickelnder Prosecco - das sind die Bestandteile des opulenten Landfrühstücks, an denen sich sonnabends und sonntags all jene gütlich tun können, die sich vorher für diesen Gaumenschmaus angemeldet haben. Wen es am Wochenende eher spontan nach Kölln-Reisiek bei Elmshorn zieht, der wird nachmittags mit selbst gebackenen Kuchen und Torten (Spezialität ist die Stachelbeerbaisertorte) verwöhnt.

Vor allem Kinder drängen immer wieder zu einem Besuch im Uhlenhoff, denn ihnen bietet sich hier ein Abenteuerspielplatz der besonderen Art: ein Heuboden zum Tollen und Toben mit Strohburg, Tarzanseil, Trampolin und Tischtennisplatte. Und auch auf den Wiesen und Feldern rund um den Hof ist Action angesagt: Da kann man Tiere streicheln, per Trecker einen Hofausflug machen oder zwischen Juli und

September sich seinen Weg durchs Maislabyrinth suchen. Wer noch nicht genug hat, mietet sich einfach für eine oder mehrere Nächte im Heuhotel ein: Das Vier-Sterne-Heuhotel verfügt über 40 Schlafplätze in gemütlichen Boxen, wo müde Gäste einfach ihren Schlafsack ausrollen.
Wäre das nicht mal was ganz Besonderes für den nächsten Kindergeburtstag? Auf die Veranstaltung von Kinderfesten versteht man sich nämlich auf dem Uhlenhoff – schließlich war die ursprüngliche Idee, Kindern einen unvergesslichen Tag (und eine ebensolche Nacht) auf dem Bauernhof mit Wunschkuchen, Treckerfahren, Spielen, Lagerfeuer und Nachtwanderungen zu bereiten. Das Café ergab sich daraus eher nebenbei, denn irgendwo mussten ja währenddessen die Eltern bleiben ...
Das familienfreundliche Landcafé ist immer am Wochenende geöffnet und ab und an lassen sich die Besitzer von Hof und Café, Familie Reumann, noch was ganz Besonderes einfallen – neben dem Maislabyrinth im Hochsommer zum Beispiel eine Halloweenparty um Allerheiligen, eine Märchennacht oder das große Eiersuchen zu Ostern. Was wann geboten wird, ist auf der Website unter dem Punkt „Aktuelles“ zu erfahren.

Anfahrt
Mit dem Auto
A23 bis Abf. Elmshorn, im Kreisverkehr Richtung Pinneberg abfahren, nach 50 m sofort wieder links

Mit der Bahn
Bahnhof Elmshorn, Bus 500 oder 503 bis Kölln-Reisiek, Waldweg

Mit dem Fahrrad
Auf der Köllner-Chausee nach Kölln-Reisiek in den Waldweg noch 800 m

Extras
- Abenteuerheuboden mit Spielgeräten
- Bauernhofausflug
- Lagerfeuerplatz
- Maislabyrinth
- Kindergeburtstage/-feste
- Veranstaltungen wie Halloweenparty, Märchennacht etc. in unregelmäßigen Abständen
- Verkauf von Büchern

Übernachtung
40 Schlafplätze im Heuhotel

Sehenswertes in der Umgebung
- Barmstedt, Rantzauer See
- Hamburg
- Halimos Hochseilgarten, Elmshorn

Adresse
Jägerstraße 35
25436 Heidgraben
Tel. 0 41 22-71 51 01
Fax 0 41 22-71 51 08

E-Mail:
info@rosenhof-kruse.de
www.rosenhof-kruse.de

Öffnungszeiten
Di. – So. 14 – 18 Uhr
Ruhetag: Mo.

Plätze
60 Caféplätze
50 Außenplätze

6 Rosenhof Kruse

Natürlich ist ein Besuch des Rosenhofs Kruse, mitten im Rosenanbaugebiet Schleswig-Holsteins, dann am schönsten, wenn die Königinnen der Blumen in voller Blüte stehen und ihren betörenden Duft über Gärten und (Rosen-)Felder verströmen. Vom Frühsommer bis in den Herbst sollten Sie sich, soweit es das Wetter zulässt, deshalb unbedingt im Rosengarten die üppig belegten Obstkuchen und liebevoll verzierten Torten oder die deftigen Bauernplatten schmecken lassen. Und weil das Ziehen der königlichen Gewächse manchmal eine heikle Angelegenheit ist, beantwortet Gärtnermeister Peter Kruse im Frühjahr und Herbst freitags, samstags und sonntags alle Fragen zu diesem Thema.

Doch auch bei Regen und im Winter ist der Rosenhof Kruse einen Besuch wert. Süßes und Deftiges, an kalten Tagen auch Glühwein und heißer Sanddornsaft, munden auch im Café vor dem knisternden Kaminfeuer oder im lichtdurchfluteten Wintergarten, in dem auch Feierlichkeiten für bis zu 30 Personen ausgerichtet werden. Und schließlich haben der

Rosenhof Kruse

Hofladen und die Geschenkdiele witterungsunabhängig das ganze Jahr über geöffnet, sodass Sie ohne Weiteres den Einkaufsbummel aufs Land verlegen können: Frische Lebensmittel, teils aus eigener Produktion wie Eier und Lammfleisch, teils aus der Region wie Hähnchen oder Biokäse, teils aus den neuen Bundesländern wie Sanddornprodukte aus dem Havelland, können Sie im Hofladen erstehen, ausführliche Beratung inklusive.

In der Geschenkdiele finden Sie ausgesuchte Artikel, die für kleine Farbtupfer im Alltag sorgen, wie Wohnaccessoires, Schals und Taschen für die Dame.

Während die Eltern shoppen, statten die Kleinen den „Lebensmittellieferanten" einen Besuch ab: Auf dem Rosenhof scharren glückliche Hühner im Sand und auf den Wiesen rund um Café und Laden tummeln sich Schafe.

Ab und an lädt das Ehepaar Kruse auch zu besonderen Veranstaltungen wie Modeschauen oder Anfang Juli zum Hoffest und einmal im Monat wird sonntags zum Frühstücksbuffet gebeten. Die jeweiligen Termine werden auf der Website bekannt gegeben.

Anfahrt

Mit dem Auto
A23 bis Abf. Tornesch, Richtung Tornesch fahren, im Ort rechts abbiegen Richtung Heidgraben

Mit der Bahn
Bahnhof Tornesch

Extras

- EC-Kartenzahlung möglich
- Einmal monatlich sonntags Frühstücksbuffet
- Ausrichtung von Feiern (bis 30 Personen, keine Abendveranstaltung)
- Hofladen: Verkauf von regionalen Lebensmitteln
- Geschenkdiele: Verkauf von Wohnaccessoires, Geschenkartikeln, exklusiver Damenmode

Sehenswertes in der Umgebung

- Rosarium Uetersen
- Arboretum Ellerhoop
- Kalkgrube Klein Nordende
- Hamburg

7 Töverhuus

Adresse
Dorfstraße 80
25336 Klein Nordende
Tel. 0 41 21-4 91 57 42
o. Tel. 0174-9 10 08 71

E-Mail:
toeverhuus@web.de
www.toeverhuus.de

Öffnungszeiten
Ganzjährig Fr. 17 – 21 Uhr
Sa./So. 14 – 18 Uhr
Pfingstsonntag bis 3. Advent
So. 14 – 18 Uhr
Gruppen ganzjährig
nach Vereinbarung
Ruhetage: Mo. – Sa.

Plätze
50 Caféplätze
30 Außenplätze

Plattdeutsch und Kultur, das sind die Markenzeichen des Töverhuus.
Musikalische Darbietungen, Ausstellungen, „Graue-Erbsen-Essen“, Jazz-Frühschoppen, Lesungen, Familienfeiern – die unterschiedlichsten Veranstaltungen bietet das Ehepaar Hamke seinen Gästen das ganze Jahr über. Und dazu jede Menge norddeutsche Lebensart.
Von Pfingsten bis 3. Advent werden sonntags im Bauernhofcafé selbst gebackene Kuchen und Torten serviert, Spezialität des Hauses sind der Butterkuchen und eine Tortenkreation mit dem viel versprechenden Namen „Errötende Bäuerin“.
Der Hausherr kommt Ihnen irgendwie bekannt vor? Gut möglich, schließlich ist Helmut Hamke Gründer und seit mehr als 25 Jahren Frontsänger der Musikgruppe „Speelwark“. Und auch als Fernsehmoderator hat er sich in der Region einen Namen gemacht.
Als Helmut Hamke 1993 von seinem Vater den ehemaligen Bauernhof bekam, war schnell klar, dass er das alte Haus erhalten wollte, schließlich hängt er sehr an seinem Geburtshaus und dem Ort seiner Kindheit und Ju-

gend. So entschloss er sich gemeinsam mit seiner Frau Gisela, die Gebäude zu renovieren und mit neuem Leben zu füllen. Damit blieb einer der letzten Höfe mitten in Klein Nordende erhalten und wurde als Kulturzentrum 1996 eröffnet.

Bereits ein Jahr später hatte das NDR-Fernsehen das schmucke Häuschen mit viel Lokalkolorit entdeckt – eine ideale Kulisse für Sendungen wie *Talk op Platt*, *Lachen und Stimmung aus Lüders Krug* und *Willkommen im Norden*. Regelmäßig ist auch der NDR-Hörfunk zu Gast und lockt mit *Ünner't Strohdack*, einer niederdeutschen Lese- und Vortragsreihe, zahlreiche Freunde des Plattdeutschen ins Töverhuus.

Platt „snacken" natürlich auch die Hamkes, denen die regionale Berühmtheit keineswegs zu Kopf gestiegen ist. Für jeden Gast haben die Eheleute ein herzliches Wort. Und alle, die die Sprache des Nordens (noch) nicht verstehen oder gar sprechen, können im Töverhuus Plattdeutschkurse belegen.

Übrigens: Für eine Hochzeit im historischen Ambiente des „Zauberhauses" muss das Brautpaar nicht des Plattdeutschen mächtig sein. Die Trauungen des dort eingerichteten Standesamts finden – bisher – allesamt auf Hochdeutsch statt.

Anfahrt

Mit dem Auto
A23, Abfahrt Elmshorn/Glückstadt, Abfahrt Elmshorn-Süd, im Ort auf der B431 südlich nach Klein Nordende

Mit der Bahn
Bahnhof Elmshorn,
Buslinie 22/23

Extras
- Wechselndes Kultur- und Unterhaltungsprogramm
- Aufzeichnungsort von NDR-Sendungen
- Ausstellungen, z. B. am 3. Advent „In de Wiehnachtsmann sien Werkstatt" (auch Samstag)
- VHS-Kurse der Gemeinde (z. B. Plattdeutsch, Weinseminare)
- Standesamt im Haus

Sehenswertes in der Umgebung
- Liether Kalkgrube (einzigartiges geologisches Vorkommen in Europa), eingebettet im Naturschutzgebiet Liether Moor (mit Führung auch auf Plattdeutsch)
- Rosarium Uetersen
- Rosenschule Wilhelm Kordes, Klein Offenseth
- Obstanbaugebiete Seestermüher Marsch, Haseldorfer Marsch
- Glückstadt (historische Altstadt)
- Elbüberquerung nach Wischhafen (Altes Land)

Nordfriesland und Dithmarschen

Region 2

1 Erlebnis-Camp

42

Holzweg 7
25885 Oster-Ohrstedt
Tel. 0 48 47-80 95 13
Fax 0 48 47-80 95 22

2 De Kohstall

44

St. Johanniskoog Ring 14
25836 Poppenbüll
Tel. 0 48 62-10 28 40
Fax 0 48 62-10 28 41

3 Hofcafé Fünf Linden

46

Dorfstraße 49
25770 Hemmingstedt
Tel. 04 81-6 49 41
Fax 04 81 6 83 83 24

4 Café Leuchtfeuer

48

Süderkoogweg 10
25849 Pellworm
Tel./Fax 0 48 44-4 72

5 Kerzenhof-Café

50

Judenstraße 10
25725 Schafstedt
Tel. 0 48 05-3 04

6 Café Bunte Kuh

51

Wackenhusen 9
25797 Wöhrden
Tel. 0 48 39-95 35 99
oder 0 48 39-2 46

Einzigartig: die Wattlandschaft Nordfrieslands.

Schick und mondän (Sylt), grün (Föhr), klein und familienfreundlich (Amrum) oder lieber touristisch noch nicht so erschlossen (Pellworm und Halbinsel Nordstrand)? Auf der Suche nach einer passenden Urlaubs(-halb-)insel mit Traumstrand hat man die Qual der Wahl. Und auf dem Festland finden sich noch mehr vielversprechende Reiseziele: verträumte Küstenstädtchen und quirlige Urlaubsorte wie St. Peter-Ording, Büsum oder Friedrichskoog. Die Binnenseen und idyllischen Flusslandschaften des Hinterlandes laden zum Wandern, Radfahren, Baden oder Kanuwandern ein. Von der dänischen Hallig Langli über die großen Inseln Fanø, Sylt, Föhr, Amrum, Pellworm bis zum Küstenstädtchen St. Peter-Ording und der Eidermündung erstreckt sich die Region Nordfriesland. Im Süden schließt sich der Landkreis Dithmarschen an.

Die norddeutsche Küstenlandschaft zwischen Marsch und Geest ist geprägt von schneeweißen Stränden, Deichen und – als größter Attraktion der Nordseeküste – dem Nationalpark Schleswig-Holsteinisches Wattenmeer. Die Übergänge vom Meer zum Land sind einem ständigen Wandel unterworfen. Zäh kämpfen die Küstenbewohner seit Jahrhunderten um jeden Meter Land. Der „Blanke Hans", wie die tobende Nordsee bei schweren Stürmen oder Sturmfluten genannt wird, fegt immer wieder über die Inseln und reißt ganze Küstenabschnitte mit sich. Fast zwei Meter Boden verliert Sylt im Durchschnitt auf diese Weise jedes Jahr. Die Bewohner trotzen mit Landgewinnungsmaßnahmen wie Eindeichung und Aufschüttung seit Jahrhunderten der rauen See. Das flache, moorige Marschland – Polder oder Koog genannt – wird durch Deiche geschützt und muss ständig entwässert werden.

Die Häuser auf den der Küste vorgelagerten und somit ungeschützt den Wellen ausgesetzten Halligen wurden auf kleinen Hügeln, den Warften,

Nordseevergnügen ...

gebaut – immerhin ein kleiner Schutz vor den Fluten. Der Alltag auf diesen kleinen Inseln ist auf den Rhythmus der Gezeiten eingestellt. „Schwimmende Träume“ hat der Dichter Theodor Storm sie genannt, und tatsächlich sind die zehn weltweit einzigartigen Inselchen etwas Besonderes: Während das Wasser über die Priele dem offenen Meer zufließt, rekeln sich Seehunde auf den Sandbänken in der Sonne, suchen Austernfischer, Brandenten und Kiebitze das während der Ebbe freigelegte Watt nach Muscheln und Würmern ab und kreisen die schreienden Möwen über der Küste. Der Nationalpark Wattenmeer ist weltweit einzigartig und mit über 4400 Quadratkilometern der größte Nationalpark zwischen Sizilien und dem Nordkap. Aufgrund der intakten Natur und seiner Einzigartigkeit wurde er im Juni 2009 zum UNESCO-Weltnaturerbe ernannt. Dadurch „spielen wir in einer Liga mit dem Grand Canyon oder dem Great Barrier Reef. Das birgt für uns Chancen, auch international eine hohe Aufmerksamkeit zu erreichen und viele Neugierige in die Welt des Wattenmeeres einzuladen“, so Constanze Höfinghoff, Geschäftsführerin der Nordsee-Tourismus-Service GmbH. Das Wattenmeer mit seinen blühenden Salzwiesen, endlosen Dünengürteln und dem alle sechs Stunden bei Ebbe freigelegten Meeresboden bietet mehr als 10000 Tier- und Pflanzenarten einen schützenswerten Lebensraum. Auch wenn die schier endlose platte Schlickfläche, durchzogen von Prielen, garniert mit spaghettiartigen Häufchen, zunächst nicht wie das pralle Leben aussieht, wimmelt es in ihr doch von Lebewesen, wie zum Beispiel Wattschnecken, Herz- und Miesmuscheln, Wattwürmern oder Strandkrabben. Bei Ebbe blubbert und knistert der Boden. Auf einem Quadratmeter Watt leben bis zu zwei Millionen Organismen, die zum Teil nur dort existieren – die Wattführer demonstrieren dies gerne mit einem

... zu allen (Ge-)Zeiten.

beherzten Schaufelstich in den Boden. Sie erklären dann auch, dass nirgendwo sonst in Europa so viele verschiedene Vögel wie im Wattenmeer leben. Jedes Jahr legen rund zehn bis zwölf Millionen Vögel auf ihrer Durchreise von den Brutgebieten in Nordeuropa und Kanada zu ihren Überwinterungsgebieten in Westeuropa und Afrika einen Zwischenstopp im Nationalpark ein.
Etwa zehn Millionen Touristen besuchen das Wattenmeergebiet der Nordsee jedes Jahr. Am besten erkundet man diese atemberaubende Natur mit einem qualifizierten Wattführer oder bei einem Bootsausflug mit einem Fischkutter. Info-Stationen und Nationalpark-Ranger öffnen Gästen und Einheimischen bei Wanderungen die Augen und Ohren für die Wunder der Landschaft. Aus gebührender Entfernung können dann sogar Seehunde, Kegelrobben oder mit viel Glück auch Schweinswale beobachtet werden. Das Highlight sind die Jungtiere der Robben, die Ende Juni, Anfang Juli zur Welt kommen. Natürlich dürfen die Tiere in freier Wildbahn nicht gestört werden. Wer sie aus der Nähe betrachten möchte, sollte zum Robbarium St. Peter-Ording mit dem größten Seehundbecken Deutschlands fahren oder der Seehundstation Friedrichskoog einen Besuch abstatten, wo sich in zwei Becken ständig eine kleine Gruppe von Seehunden und Kegelrobben tummelt.
Wer noch mehr über das Leben im Wattenmeer erfahren möchte, kann das 2009 eröffnete Erlebniszentrum „Naturgewalten“ in List auf Sylt besichtigen. Auf 1500 Quadratmetern Ausstellungsfläche und einer 800 Quadratmeter großen Außenanlage wird anschaulich über Wetterereignisse, Leben in Watt und Dünen, Küstenschutz und erneuerbare Energien informiert. Im Sturm-

Das bekannteste Wahrzeichen der Halbinsel Eiderstedt: der Leuchtturm bei Westerhever.

raum erfahren die Besucher die Kräfte der Natur am eigenen Körper, das Klimageschehen kann aus Astronautenperspektive betrachtet werden und ein überdimensionaler Watttunnel weiht in die unterschiedlichen Überlebensstrategien der Tier- und Pflanzenarten ein. Auch das Multimar Wattforum in Tönning wartet mit neuen Attraktionen auf. 2009 wurde ein neues Großaquarium eröffnet, das 250000 Liter fasst und Dorsche sowie Glatthaie beheimatet. Eine weitere Attraktion ist das über 17 Meter lange und aus 157 Einzelknochen bestehende Originalskelett eines Pottwals, der 1997 an der Küste strandete.

Die großen Meeressäuger waren einst eine der Haupteinnahmequellen der Nordfriesen, die ab Anfang des 17. Jahrhunderts mit ihren Walfangflotten ins Polarmeer in See stachen. Davon zeugen noch heute zahlreiche Walfänger-

Aus Möwenperspektive: Sandbank bei St. Peter-Ording.

Dithmarschen und Kohl, zwei, die zusammen gehören.

geschichten, wie die Walfangausstellung im Detlefsen-Museum in Glückstadt oder die schaurigen „sprechenden" Grabsteine in Wyk auf Föhr. Auf ihnen sind die Geschichten der Walfänger der Insel dokumentiert, wie etwa die des 1706 gestorbenen Kapitäns Matthias Petersen. Er „war in der Schifffahrt nach Grönland sehr kundig, wo er mit unglaublichem Erfolg 373 Wale gefangen hat, sodass er von da an mit Zustimmung aller den Namen ‚Der Glückliche' annahm" – in lateinischer Schrift steht dies auf seinem verwitterten Grabstein. Der Walfang brachte den nordfriesischen Inseln im 17. Jahrhundert wirtschaftlichen Aufschwung. Doch Mitte des folgenden Jahrhunderts lichtete sich der Bestand der Tiere durch die rücksichtslose Jagd und die Nordfriesen wandten sich der Handelsschifffahrt zu.

Die Region war zu dieser Zeit noch von den Dänen besetzt, die jahrhundertelang die Region nördlich von Hamburg regierten, bis auf eine kleine Ausnahme – die uns weiter südlich in die Region Dithmarschen bringt. Dort ist man heute noch stolz auf 200 Jahre Unabhängigkeit. Im 14. Jahrhundert verlor der Adel an Macht und auf der Basis der fest gefügten Familienverbände der ansässigen Bauern entwarfen die Dithmarscher eine eigene Landesverfassung. Eine Bauernrepublik mit Sitz im heutigen Heide wurde gegründet. Erst 1559 wurde die Unabhängigkeit Dithmarschens in der „letzten Fehde" endgültig zerstört und das Land unter Herzog Adolf I. von Schleswig-Holstein-Gottorf, König Friedrich II. von Dänemark und Herzog Johann II. von Schleswig-Holstein-Hadersleben aufgeteilt. Im 19. Jahrhundert spitzte sich die politische Lage weiter zu. Im Deutsch-Dänischen Krieg wurde der Konflikt der drei Mächte zugunsten Preußens gelöst. Zu jener Zeit lebte einige Kilometer entfernt, in Nordfriesland im Küstenstädtchen Husum, der Jurist und Schriftsteller Theodor Storm. 1888 erschien seine letzte Novelle und sein heute bekanntestes Werk: *Der Schimmelreiter*. Die Schauergeschichte rund um den Deichgrafen Hauke Haien schildert unter anderem auch den Kampf der Küstenbewohner um Land und den Schutz vor Flutwellen. Heute ist Husum übrigens längst nicht mehr die „graue Stadt am Meer", wie sie Storm in seiner Erzählung nannte. Auch die Stadt Heide, Dithmarschens Zentrum, hat sich in den letzten Jahren herausgeputzt. In die Stadt kommt man heute, um einzukaufen, den traditionellen Wochenmarkt auf Deutschlands größtem Marktplatz mit 140 Marktbeschickern zu erleben, Konzerte und Museen zu besuchen oder um in einem der gemütlichen Cafés einzukehren. Wer sich mehr für die Vergangenheit Heides interessiert, kann dem 2004 eröffneten Heider Heimatmuseum einen Besuch abstatten. In dem umgebauten Viehstall zeigen Fotografien und nachgebaute Werkstätten von ortsüblichen Handwerken, wie sich das Leben der Stadtbewohner im Laufe der Jahrhunderte verändert hat.

Maritimes Ambiente finden Gäste überall – hier im Hafen von Friedrichskoog.

Frischer geht's nicht: Nordseekrabben vom Kutter.

Beschaulicher geht es im etwa 20 Kilometer entfernten Küstenstädtchen Büsum zu. Der Erholungsort ist bekannt für seine Krabbenkutter und den familienfreundlichen Badestrand. Wer weiter an der Küste entlang nach Norden fährt, findet auf der Halbinsel Eiderstedt den Leuchtturm Westerheversand und weitere kleinere und größere Küstenorte wie das bekannte und bei Wassersportlern beliebte St. Peter-Ording.

Etwa 30 Kilometer entfernt, im Landesinneren, liegt das Holländerstädtchen Friedrichstadt, auch Amsterdam des Nordens genannt. Bei einer Grachtenfahrt zeigt sich der Ort mit seiner pittoresken Stadtkulisse in ganzer Pracht: die holländischen Treppengiebelhäuser, das

Der historische Hafen in Tönning erinnert an vergangene Zeiten.

wunderbar eingerichtete Neberhaus, die Steinbrücke und vor den Linden des Grünen Marktes die Marktpumpe mit dem Brunnenhäuschen. Der Blick hinter die Fassaden der historischen Häuser bringt eine lebendige Kunst- und Kulturszene zum Vorschein. Hier sind Galerien und Ateliers ansässig, eine Malschule, eine Metallwerkstatt und viele andere Kreative wie die Keramikkünstlerin Anne Brommann oder die Malerin Margarethe Kahle.

Überhaupt haben sich Maler, Schriftsteller und Bildhauer immer wieder von der einmaligen, wilden Natur der Nordseeküste inspirieren lassen. Einer der wohl bekanntesten Künstler der Region war Emil Nolde, dessen Arbeiten heute im Nolde-Museum in Neukirchen/Seebüll kurz vor der dänischen Grenze ausgestellt werden. Neben Werken, die ständig zu sehen sind, zeigen wechselnde Ausstellungen verschiedene Aspekte seines Schaffens.

Seit Juli 2009 sind außerdem im neuen Museum „Kunst der Westküste" in Alkersum auf Föhr Werke zahlreicher nordfriesischer und skandinavischer Maler des 19. und beginnenden 20. Jahrhunderts dauerhaft ausgestellt, etwa die Hallig-Bilder von Jakob Alberts, Werke von Max Liebermann, Max Beckmann, Emil Nolde, Edvard Munch, Hendrik Willem Medsag und den nordfriesischen Malern Otto Heinrich Engel und Hans P. Feddersen.

Das ganz besondere Licht, die wilde Naturschönheit der Küste, kleine verträumte Dörfer mit Reetdachhäusern – Besucher können nachvollziehen, warum es so viele Künstler und Kunsthandwerker in den Norden zieht. Ihr Können zeigen Letztere zum Beispiel auch auf den Nordfriesischen Lammtagen, die jedes Jahr zwischen Mai und Juli stattfinden und mit Streichelzoos, Kleinkunst und Spezialangeboten in den Restaurants die Besucher erfreuen. Maritim feiern – das können die Nordfriesen – auf Hafen-

Eines von vielen Küstenstädtchen: Büsum.

festen, Kutterregatten oder Krabbentagen, dem Gourmet-Festival Sylt, beim Surf World Cup, Kitesurf World Cup oder den Beachvolleyball Masters, beim Krokusblütenfest in Husum, beim Jazz goes Föhr oder auf dem Drachenfestival von St. Peter-Ording.

Und dass die Norddeutschen alles andere als unterkühlt sind, sondern äußerst gastfreundlich und mit einem großen Sinn für Humor ausgestattet, beweisen sie alljährlich beim Weihnachtsbaden, wenn rund 200 Sylter und Zugereiste den mutigen Sprung in die winterliche Nordsee wagen. Einige Tausend Zuschauer, die sich lachend und bibbernd an ihrem Punschglas wärmen, hat das Spektakel jedes Jahr. Dann wird deutlich, was Nordfriesland und Dithmarschen so einmalig macht: Hier fühlen sich Urlauber und Einheimische wohl, hier leben Robben, Vögel und Menschen nebeneinander, hier kommen Künstler, Surfer und Gastwirte auf ihre Kosten.

Getränke-Klassiker im Norden: Pharisäer – Kaffee mit Rum und Sahnehaube.

1 Erlebnis-Camp

Adresse
Holzweg 7
25885 Oster-Ohrstedt
Tel. 0 48 47-80 95 13
Fax 0 48 47-80 95 22

E-Mail: info@erlebnispur.de
www.erlebniscamp-osterohr-stedt.de

Öffnungszeiten
Tägl. 11 - 20 Uhr

Plätze
35 Caféplätze
70 Außenplätze

Bewegung, Bewegung, Bewegung ist hier die Devise, die sich vor allem, aber nicht nur an Kinder und Jugendliche richtet. Hausherr Heinz-Jürgen Fricke ist Sportpädagoge, Ehefrau Monika Hotelfachfrau - eine rundum gelungene Kombination für die Betreibung eines Camps, das deutlich mehr bieten soll als ein Freizeitpark. Hier steht kein kurzweiliger Abenteuerkonsum im Vordergrund, sondern neben Möglichkeiten zur körperlichen Bewegung, die gerade für Stadtkids heute nicht mehr alltäglich sind, die Vermittlung von Klettertechniken und Vertrauensübungen. Dabei müssen die Kinder und Jugendlichen selbst Verantwortung übernehmen - immer unter der Aufsicht pädagogisch versierter Betreuer.

Aber nicht nur Kinder- und Jugendgruppen, auch bewegungshungrige Familien und Einzelreisende finden in diesem Erlebniscamp bei Oster-Ohrstedt alles, was für ein Freizeitabenteuer zu Wasser, zu Lande und in der Luft vonnöten ist: von Tischtennisplatten, Hüpfburg, Trampolinen, Bewegungswiese, Kletterhalle und Reitstall auf dem Gelände bis zur nicht allzu weit entfernten Kanu- und

Kajakstation an der Eider. Für kleine und größere Erholungspausen stehen eine „Entspannungsoase“ mit Teich, Pavillon und Steg, ein Streichelzoo und eine Beauty- und Wellnessfarm zur Verfügung. Ab und an laden Herr und Frau Fricke auch zum Mittelaltermarkt, zur Kinderolympiade, zur Oldienacht, zum Backfest oder Schmankerltag (Termine auf der Website).

Kein Wunder, dass bei solch geballtem Aktivitätenangebot die Portionen, die in Café und Restaurant auf die Tische kommen, großzügig bemessen sind. Von hausgemachten Kuchen über reichhaltige Snacks wie das „Riesen-Erlebnis-Baguette“ bis zum Fitnesssalat oder der Erlebnis-Camp-Platte. Immer wieder sonntags wird zum Brunch-Buffet gebeten (nur nach Voranmeldung). Nach allen Regeln der Kunst werden auch geschlossene Gesellschaften verwöhnt – für eine private Feier gibt es drinnen und draußen viele Möglichkeiten, gerade auch für Kindergeburtstage.

Wer die Vorzüge des Camps länger auskosten möchte, nimmt sich einfach ein Zimmer: Zur Verfügung stehen mehrere Einzel-, Doppel- und Mehrbettzimmer sowie für Schulklassen und Gruppen eine ganze Zeltstadt.

Anfahrt

Mit dem Auto
A7 Abfahrt Schuby, B201 Richtung Husum, ca. 1,2 km hinter Treia links in den Holzweg abbiegen

Mit der Bahn
Bahnhof Husum (14 km, von dort Bus bis Schwabstedter Damm), Bahnhof Schleswig (18 km)

Extras

- Kletterhalle, Kletterfläche, Kletterkurse
- Spielgeräte wie Hüpfburg, Trampoline etc.
- Reitmöglichkeit, Streichelzoo
- Kanu- und Kajakvermietung
- Ausrichten von Feiern und Kindergeburtstagen
- Mehrmals jährlich verschiedene Veranstaltungen (Termine auf Website)
- Freizeiten für Gruppen, Schulklassen und Kindergärten
- Teamtraining mit Erwachsenen oder Jugendlichen, Kooperations- und Interaktionsspiele

Übernachtung

6 Einzel-, 6 Doppelzimmer
28 Betten in Mehrbettzimmern
Zeltstadt

Sehenswertes in der Umgebung

- Wikingermuseum Haithabu bei Schleswig
- Multimar Wattforum in Tönning
- Schloss Gottorf mit Barockgarten

Adresse
St. Johanniskoog Ring 14
25836 Poppenbüll
Tel. 0 48 62-10 28 40
Fax 0 48 62-10 28 41

E-Mail: bohns@de-kohstall.de
www.de-kohstall.de

Öffnungszeiten
März bis Mitte November
Mi. – Mo. ab 11.30 Uhr,
Küchenzeiten durchgehend
12 - 20 Uhr/20.30 Uhr
Dezember, Januar und Februar
Fr., Sa. 12 - 19 Uhr,
So. 12 - 18 Uhr
Ruhetag
März bis Mitte November: Di.
Gesellschaften nach
Vereinbarung.

2 De Kohstall – Café und Restaurant

Wo bis 1998 noch 40 Kühe täglich für Milchnachschub sorgten, lassen's sich heute Dorfbewohner und Ausflugsgäste gut gehen: im „Kohstall" der Familie Bohns. Die lebt bereits in der fünften Generation auf dem Seerosenhof in Poppenbüll.

Der kleine Ort ist eine der ältesten Marschsiedlungen auf der Insel Everschop, aus der, zusammen mit den Inseln Eiderstedt und Utholm, durch Landeindeichungen mit der Zeit die Halbinsel Eiderstedt entstand. Weil sich der Milchviehbetrieb nicht mehr rechnete, wurde das Stallgebäude 1999 zum hübschen Café ausgebaut, und so hatte der ab 1997 gastronomielose 250-Seelen-Ort wieder eine eigene Gaststätte.

Ab mittags gibt es durchgehend warme Küche, auf der Karte findet sich Regionales von der Frikadelle bis zum Matjes und Eiderstedter Spezialitäten: Labskaus, Saure Rolle vom Rind oder Mehlbüdel (Mehlbeutel) mit Kirschsauce. „Unsere Gerichte vom Rind und Schwein stammen aus unserer Hausschlachtung", betont

Inhaberin Dörte Bohns. Die Küchenchefin sorgt nicht nur für die deftigen Speisen, sondern auch fürs Süße zum Kaffee: täglich frisch gebackene Kuchen, Torten und Futjes. Noch nie gehört? Dann sollten Sie die leckeren Teilchen, die in heißem Fett ausgebacken werden und so ähnlich wie Berliner Pfannkuchen schmecken, unbedingt einmal kosten!

Im Sommer sitzt man mit Blick aufs platte Land am schönsten draußen: direkt im Grünen oder auf einer der beiden Terrassen und ergattert mit etwas Glück einen Platz in einem der sechs Strandkörbe.

Von Ende Mai bis September lockt neben den Gaumenfreuden ein ganz spezieller Augenschmaus Besucher zum Café Kohstall. Dann blühen auf dem kleinen Teich am historischen Bauerngarten wunderschön die Seerosen, die dem Hof seinen Namen gaben.

Plätze
90 Caféplätze, bei Veranstaltungen bis 120
55 Außenplätze

Anfahrt
Mit dem Auto
A23 nach Heide und Tönning, B202 Richtung St. Peter-Ording bis Garding, dann rechts ab nach Poppenbüll, an der Kreuzung links abbiegen (Hinweisschilder)

Mit der Bahn
Bahnhof Garding, dann Abholung

Extras
- Spielsachen für Kinder im Café

Übernachtung
Direkt auf dem Seerosenhof:
2 Doppelzimmer,
1 Ferienwohnung

Sehenswertes in der Umgebung
- Nordsee (ca. 7 km)
- Leuchtturm Westerhever (ca. 7 km)
- St. Peter-Ording (ca. 13 km)
- Friedrichstadt, das „Holländerstädtchen“ (ca. 20 km)
- Husum (ca. 30 km)

3 Hofcafé Fünf Linden

Adresse
Dorfstraße 49
25770 Hemmingstedt
Tel. 04 81-6 49 41
Fax 04 81-6 83 83 24

E-Mail:
info@hofcafe-fuenf-linden.de
www.hofcafe-fuenf-linden.de

Öffnungszeiten
April bis Oktober
Di. - So. 14 - 18 Uhr,
November bis März
Do. - So. ab 14 Uhr
und Gruppen nach
Vereinbarung
Betriebsferien:
Januar bis Mitte Februar

Plätze
50 Caféplätze
68 Außenplätze

Einen Ort der ungezwungenen Kommunikation und des gemütlichen Beisammenseins zu schaffen, das war das Bestreben von Maren Pankonin, als sie 2005 zusammen mit Ehemann Diethard das Hofcafé auf ihrem ehemaligen Bauernhof eröffnete. „Ich hatte schon immer gern Besuch und ich liebe es, meine Gäste zu verwöhnen", so die Cafébesitzerin. Weil Diele und Nebenräume des alten Bauernhauses leer standen und die landwirtschaftlich genutzten Flächen sowie Kuh- und Schweineställe schon seit Jahren verpachtet waren, lag es nahe, sich auch hauptberuflich um Gäste zu kümmern. Nach einer einjährigen Vorbereitungszeit, in der die Gebäude umgebaut wurden und Maren Pankonin sich das nötige Know-how als Cafébetreiberin in Seminaren und bei Besuchen anderer Landcafés aneignete, öffneten sich zum ersten Mal die Türen zu den hellen, schlicht gehaltenen, aber umso gemütlicheren Räumlichkeiten des Hofcafés.
Dessen Namensgeber waren die fünf Linden, die das Grundstück zur Dorfstraße abgrenzen. In deren Schatten lässt es sich an heißen Sommertagen angenehm

verweilen, um selbst gebackene Kuchen, verführerische Torten, ein deftiges Frühstück oder pikante Kleinigkeiten zu genießen. Die Getränkeauswahl ist reichhaltig und nach Vorbestellung werden sogar warme Mahlzeiten serviert.

Eine besondere Herausforderung für die Gastgeberin aus Leidenschaft ist die Ausrichtung von Feierlichkeiten aller Art, für die bei entsprechender Gästezahl auch das gesamte Café zur Verfügung gestellt wird.

Nicht lange nach der Eröffnung erfreute sich das Hofcafé nicht nur regen Zuspruchs, sondern avancierte auch zur Kulturstätte. Weil die gemütlichen Caféräume zu klein für den Besucherandrang waren, wich man kurzerhand in die Stallgebäude aus: „Jazz im Kuhstall" ist seitdem eine der Veranstaltungen, die in unregelmäßigen Abständen die alten Gemäuer samt einem begeisterten Publikum zum Swingen bringen.

Bei einem Ausflug zu den Fünf Linden darf der Besuch des ehemaligen Kornspeichers nicht ausgelassen werden. Hier stehen ausgesuchtes Kunstgewerbe, Keramik, Schmuck, Leinen sowie viele andere schöne und nützliche Sachen zum Verkauf. Wechselnde Bilderausstellungen bilden dazu einen reizvollen Rahmen.

Anfahrt

Mit dem Auto
A23 bis Abfahrt Heide-Süd, B5 und Bahnübergang überqueren, an der Fußgängerampel rechts in die Dorfstraße abbiegen

Mit der Bahn
Bahnhof Heide (3,8 km)

Extras

- Im Sommer Musikveranstaltungen im Kuhstall, Kunstausstellungen
- Spielplatz, Kinderecke

Sehenswertes in der Umgebung

- Nordseeheilbad Büsum u. a. mit Sturmflutenwelt „Blanker Hans"
- Multimar Wattforum in Tönning
- Nord-Ostsee-Kanal
- Seehundstation Friedrichskoog
- Freibad im Ort

4 Café Leuchtfeuer

Adresse
Süderkoogweg 10
25849 Pellworm
Tel./Fax 0 48 44-4 72

E-Mail:
info@leuchtfeuer-pellworm.de
www.leuchtfeuer-pellworm.de

Öffnungszeiten
Juli und August
tägl. 12 – 18 Uhr
September bis Juni
Di. – So. 14 – 18 Uhr
Ruhetag September bis Juni:
Mo.

Plätze
90 - 100 Caféplätze
70 - 80 Außenplätze

Mit ihren Lichtsignalen weisen sie Schiffen den Weg und helfen beim Umschiffen gefährlicher Stellen. Ob es diese Symbolik oder einfach die schöne Aussicht ist, sei dahingestellt, jedenfalls erfreuen sich die Leuchttürme großer Beliebtheit als Hochzeitslocation.

Die Insel Pellworm macht's möglich. Hier können sich Brautpaare auf einem mehr als 100 Jahre alten Leuchtturm das Jawort geben, und anschließend ins „Hochzeitsappartement" des Landhaus Leuchtfeuer einziehen.

Das kuschelige Landhaus mit dem lichten Café liegt direkt zu Füßen des Leuchtturms – und hat natürlich nicht nur für frisch Verliebte oder Vermählte Platz. Familien mit Kindern freuen sich über den Cafégarten und den großen bewachten Strand direkt vor der Haustür. Im Sommer lädt dort die Nordsee zum Baden ein, Wattwandern ist zu jeder Jahreszeit möglich. Auch zum Fahrradfahren, Inlineskaten oder Spazierengehen ist die Umgebung ideal.

(Kurz-)Urlauber schätzen an der Insel mit mehr Schafen als Einwohnern neben solchen Aktivitäten vor allem die Ruhe und Entspannung in der Natur.

Schon bei der Überfahrt auf die Insel beginnt – mit der Nase in der frischen Nordseeluft – die Erholung. Vom Anleger aus ist der Leuchtturm bereits zu sehen, in dessen Schatten das Haus mit dem außergewöhnlichen Café-Rundbau liegt. Auch Hotelfachfrau Sibylle Kelling, die während ihrer Elternzeit auf der Suche nach einem geeigneten Objekt für ein Landhaus mit Café war, verliebte sich auf den ersten Blick in das Haus direkt hinterm Deich – und legte sofort mit dem Betrieb los.

In den sonnendurchfluteten Caféräumen serviert sie ihren Gästen neben einem reichhaltigen Frühstück nachmittags selbst gebackenen Kuchen oder zum Aufwärmen nette Getränkekreationen wie „Leuchtfeuer Spezial" (Baileys, Kaffee, Vanilleeis und Sahne). Wer sie einmal gekostet hat, schwärmt noch ewig von der Friesentorte. Und mindestens genauso vom wunderschönen Ambiente, der netten Bewirtung und der familiären Atmosphäre. Und dass Hochzeitspaare das Landhaus Leuchtfeuer ewig in Erinnerung behalten, versteht sich von selbst.

Anfahrt

Mit dem Auto

Vom Fähranleger aus die erste Straße links abbiegen, danach bei zweiter Gelegenheit links in den Stürenburger Weg, immer am Deich längs, rechts in den Süderkoogweg einbiegen, schon steht man vor der Pension.

Mit der Bahn

Anreise mit der Deutschen Bahn bis Husum, Bustransfer vom Bahnhof zum Fähranleger auf Nordstrand, auf Pellworm mit dem Inseltaxi bis vor die Tür der Pension.
Oder vom Fähranleger mit dem Fahrrad am Deich entlang, bis der Leuchtturm in Sicht ist, über den Deich, und schon ist man da.

Extras

- Spielecke, Spielplatz und Streichelgehege
- Im Sommer Konzerte im Garten
- Hochzeitsfeiern möglich

Übernachtung

Direkt in der Pension Leuchtfeuer: 1 Einzelzimmer,
7 Doppelzimmer,
2 Appartements

Sehenswertes in der Umgebung

- Inselmuseum
- Schifffahrtsmuseum
- Hafen
- Alte Kirche, Neue Kirche
- Wattenmeer-Schutzstation
- Wattenmeer; Ausflüge zu den Halligen und Sandbänken

Adresse
Judenstraße 10
25725 Schafstedt
Tel. 0 48 05-3 04

E-Mail:
kerzenhof@gmail.com
www.kerzenhof-dithmarschen.de

Öffnungszeiten
Café/Museum/Hofladen
tägl. ab 14 Uhr
ganzjährig geöffnet

Plätze
80 Caféplätze,
80 Außenplätze

Anfahrt
Mit dem Auto
A23, Abfahrt Schafstedt

Mit dem Fahrrad
Vom Bahnhof Albersdorf aus

Extras
- Privates Heimat-Museum: altes Schulinventar, Schuhmacherei, Haus- und Landwirtschaftsgeräte. Kostenlose Besichtigung.
- Kerzenfärben: jeden Freitag (andere Termine auf Anfrage)
- Spielecke im Café, Sandkasten im Hof
- Hofladen: süße Leckereien, Kerzen, Geschenke und CDs.
- Kunst & Kultur: Musikkonzerte, Talkrunden, Lesungen, Foto- und Bilderausstellungen
- Tonstudio, Musikunterricht

Sehenswertes in der Umgebung
- Nord-Ostsee-Kanal

5 Kerzenhof-Café

„Wir sammeln alles, was alt ist und mit Kunst und Kultur zu tun hat", erklärt Dorte Bork. Ausreichend Platz für ihr privates Heimatmuseum fand sie in dem reetgedeckten Bauernhof von 1850 unweit des Nord-Ostsee-Kanals. Besucher des Cafés können in den früheren Ställen altes Schulinventar, eine Schuhmacherei und eine liebevoll zusammengetragene Sammlung alter Haushalts- und Landwirtschaftsgeräte besichtigen und in den Zauber vergangener Zeiten eintauchen.

Der Name Kerzenhof ist übrigens Programm: Wer im Hofladen stöbert, findet neben Marmeladen, eingetopften Kuchen und anderen süßen und herzhaften Mitbringseln vor allem ein großes Sortiment handgemachter Kerzen. Jeden Freitag kann man dort selbst weiße Rohlinge am Tauchbecken färben. Doch nicht nur Kerzenliebhaber kommen auf ihre Kosten. Da der Hausherr leidenschaftlicher Musiker ist, sind das ganze Jahr über immer mal wieder internationale und heimische Musiker zu Gast. Im Sommer lädt der gemütliche Innenhof zum Entspannen ein, im Winter wärmt statt der Sonne ein Holzofen das nostalgische Café. Tortengenießer haben die Qual der Wahl: Eierlikörtorte, Champagnertorte oder doch lieber ein Stück Amarettotraum? Der Duft der hausgemachten Blechkuchen streicht verführerisch um die Nase. Nichts für Kalorienzähler, hier wird genossen!

6 Café Bunte Kuh

„Kaffee bodenlos“ ist die Dithmarscher Variante von „Kaffee satt“ und sorgt an Sonn- und Feiertagen in der Bunten Kuh dafür, dass der Koffeinnachschub zum Kuchenbuffet garantiert ist. Aber nicht nur für die Bedürfnisse von Kaffeefreunden wird in dem ländlich-gemütlichen Café gesorgt, auch Teeliebhaber können unter verschiedenen Sorten wählen und die selbst gebackenen Kuchen und Torten, die an Sonn- und Feiertagen auf dem schon erwähnten Buffet locken, machen alle gleichermaßen glücklich. Auch die jüngsten Gäste, für die Kirsten Matthiessen, die Cafébetreiberin, gleich ein ganzes Spielzimmer eingerichtet hat. Ein Umstand, der es den Eltern erschwert, den Nachwuchs nach der Kaffeepause wieder loszueisen, um zum Beispiel einen Spaziergang durch das Örtchen Wöhrden mit seinem historischen Ortskern zu machen oder weiter nach Meldorf, Heide, Büsum oder in die Hebbelstadt Wesselburen zu fahren.

Adresse
Wackenhusen 9
25797 Wöhrden
Tel. 0 48 39-95 35 99
o. 0 48 39-2 46

Öffnungszeiten
Juli/August tägl. 14 – 18 Uhr, Mai/Juni, September/Oktober Mi. – So. 14 – 18 Uhr, Februar-April, November bis Mitte Dezember Fr. – So. und feiertags 14 – 18 Uhr
Betriebsferien: ab Weihnachten bis Ende Januar

Plätze
45 Caféplätze, 25 Außenplätze

Anfahrt
Mit dem Auto
A23 bis Ausfahrt Heide-West, B203 Richtung Büsum, dann links ab Richtung Wöhrden, in Wöhrden Richtung Meldorf den Ort verlassen, nächste Straße rechts, nach ca. 600 m auf der rechten Seite

Mit der Bahn
Bahnhof Heide

Extras
- Spielzimmer mit vielen Möglichkeiten zum Spielen und Malen
- Ausrichtung von Gruppen- und Familienfeiern

Sehenswertes in der Umgebung
- Historischer Ortskern
- Nordsee
- Meldorf mit Dom und Hafen
- Wesselburen mit Hebbelmuseum
- Heide mit Klaus-Groth- und Heimatmuseum
- Nordseebad Büsum mit Sturmflutenwelt „Blanker Hans“

Schleswig, Flensburg

Region 3

1 Janbeck*s Café - Pension & mehr

60

Lehbek 10
24395 Gelting
Tel. 0 46 43-18 54 00
Fax 0 46 43-1 85 40 27

2 Das Romantische Landhaus

62

Theodor-Storm-Allee 14
24848 Kropp
Tel. 0 46 24-80 32 89
Fax 0 46 24-4 50 61 83

Leuchtturm Falshöft: hier können sich Paare das Jawort geben.

Was haben das schwarz-weiße Angler Sattelschwein, Flensburger Rum und der mit der Forelle verwandte Schleischnäpel gemeinsam? Sie kommen aus dem weiten, grünen, sanft hügeligen Landkreis zwischen Flensburger Förde und dem bis nach Schleswig reichenden Ostseearm Schlei, dessen Bewohner über Jahrhunderte von Viehzucht, Getreidewirtschaft, Fischfang und Seehandel lebten, und der bis heute weitestgehend landwirtschaftlich geprägt ist.

Im (späten) Frühjahr leuchten gelb die Rapsfelder, die Rad- und Wanderwege säumen, im Sommer grasen Schafe und braune Rinder auf saftigen Weiden und im Herbst suchen rastende Zugvögel auf frisch umgebrochenen Äckern nach Nahrung. Kleine Buchenwälder und die typischen Feldbegrenzungen - bewachsene Erdwälle, die Knicks genannt werden - bieten heimischen Insekten, Singvögeln und Rehen Lebens- und Schutzraum. Urige Kirchen aus Granitstein laden am Wegesrand zur Stippvisite. Ortsnamen wie Brodersby, Süderbrarup oder Kiesby (-by , -rup - dänisch für Dorf bzw. Siedlung) zeugen von der engen Verbindung mit dem dänischen Nachbarland. Erst 1920 wurde durch eine Volksabstimmung die heutige Grenze zwischen den beiden Ländern festgelegt.

Seitdem leben jenseits der deutschen Grenze deutsche Nordschleswiger und diesseits dänische Südschleswiger.

Die zahlreichen dänischen Schulen (sehenswert etwa die 2008 in Schleswig eröffnete A. P. Møller Skolen), Feste wie das jährlich stattfindende Deutsch-Dänische Kindertheaterfestival und der lebhafte Grenzverkehr lassen fast vergessen, dass einst blutige Kriege um die Region, die durch ihre Nähe zum Meer heiß begehrt war, ausgefochten wurden.

Flensburg das „Tor" zu Dänemark.

Bis zum Wasser ist es hier im hohen Nordosten nie weit. Eismassen und Schmelzwasser der Weichseleiszeit hinterließen nicht nur Hügel, sie gruben auch zahlreiche Meereseinbuchtungen in das Land. Die ursprünglichen Steilküsten und Strände an den Fördenküsten der Ostsee und die schilfbewachsenen, seenartigen Buchten der Schlei, sogenannte Noore, lassen sich bestens mit Badezeug, im Segelboot oder wandernd erkunden. Im Südwesten des Landkreises schließen sich die von den Flüssen Eider, Treene und Sorge umgebenen weiten Niederungen Stapelholms an, die als Storchenparadies bekannt sind.

Doch lange bevor diese Flüsse und Förden von Wassersportlern und Strandurlaubern entdeckt wurden, verhalfen sie findigen ansässigen Familien durch Fischfang und Seehandel zu Wohlstand, zum Beispiel in Flensburg: Zwischen 1460 und 1864 besaß die Stadt den zweitgrößten Hafen Dänemarks. Der von Westindienfahrern aus der Karibik eingeführte Rum, der in Flensburg in Eichenfässern reifte und verschnitten wurde, machte die Stadt im 18. Jahrhundert zum führenden Exporteur des hochprozentigen Getränks. Heute gibt es in Flensburg nur noch einen einzigen Rumhersteller, den Familienbetrieb Johannsen, doch zahlreiche Häuserfassaden und das 1993 im Keller des Schifffahrtmuseums eröffnete Rummuseum künden von den glorreichen Zeiten. In Flensburg kommen aber keinesfalls nur Schnapsfreunde auf ihre Kosten. Die lebendige Kultur- und Kneipenszene, eine gut erhaltene Altstadt, der Museumshafen und die Phänomenta – eine Ausstellung, die Besuchern die Gesetze und Phänomene der Physik verständlich macht – lohnen den Weg in die Universitätsstadt.

Fernsehfans pilgern lieber weiter nach Südosten: nach Kappeln. Unter dem Namen

Der Hafen von Kappeln ist immer Mittelpunkt der jährlich stattfindenden Heringstage.

„Deekelsen" dient die Stadt als Kulisse für die ZDF-Serie *Der Landarzt*. Dr. Teschners „Praxis" befindet sich jedoch einige Kilometer entfernt in einem ehemaligen Gutshaus in Lindauhof, nahe der charmanten Klappbrücke Lindaunis, einer schmalen Stahlkonstruktion aus den dreißiger Jahren, über die sowohl Züge als auch Fußgänger, Radler und PKWs (einspurig!) ans andere Schleiufer gelangen. Filmaufnahmen bescheren dem beschaulichen Dorf in regelmäßigen Abständen Anstürme wahrer Menschenmassen.

Doch zurück nach Kappeln. In der höchsten Windmühle Schleswig-Holsteins, die in der Schleswiger Straße steht, der Holländermühle Amanda, können sich Heiratswillige das Jawort geben. Die Touristen-Info in der 1888 erbauten Mühle gibt aber auch Auskunft über den Fahrplan der Angelner Museumsbahn, die in Kappeln startet, das Schleimuseum, die geplante Ferienanlage Olpenitz, die rund um den ehemaligen Marinehafen entstehen soll, und Veranstaltungen wie die jährlich an Himmelfahrt ausgerichteten „Kappelner Heringstage". Wer auf diesem Volksfest den aktuellen Fang des Tages in Europas letztem Heringszaun – einer Art sehr großen Reuse – am besten einschätzt, wird zum Kappelner Heringskönig bzw. zur -königin gekrönt.

Nur einen Katzensprung von Kappeln entfernt, wenige Kilometer die Schlei hinauf, liegt eine große Besonderheit des Kreises Schleswig-Flensburg, die tatsächlich sehr klein ist: Arnis – mit seinen etwa 300 Einwohnern die kleinste Stadt Deutschlands. Den Grundstein zur Besiedlung der einstigen Schleiinsel legten 64 Kappelner Familien 1667. Sie wollten nicht in der Knechtschaft der Herren von Rumohr auf Gut Roest leben, die die Herrschaft über Kappeln an sich

Liebevoll renovierte, schmucke Häuser finden sich noch in vielen Städtchen in der Gegend rund um die Schlei.

gerissen hatten. Heute ist Arnis, das im 18. und 19. Jahrhundert durch Fischfang und Ostseehandel prächtig gedieh und 1934 das Stadtrecht erhielt, besonders unter Seglern bekannt und beliebt. Erst auf dem etwa halbstündigen Rundweg um die Stadt, die aus einer einzigen, dicht bebauten Straße mit kleinen Häusern besteht, die zum Teil noch das alte Fachwerk aufweisen, eröffnet sich die einzigartige Mischung aus sanft zum Wasser hin abfallenden Gärten, geschäftigen Werftbetrieben und Anlegern für Segelboote. Sehenswert sind auch der alte Friedhof mit reich geschmückten Kapitänsgräbern und die kleine Kirche.

Ob der weit ins Land reichende Meeresarm Schlei tatsächlich als Fjord oder Förde zu bezeichnen ist, wird unter Wissenschaftlern und Einheimischen immer mal wieder diskutiert. Seiner Beliebtheit als Erholungs- und Wassersportgebiet tut diese Debatte jedoch keinerlei Abbruch. Durch den kurzen Landweg von Schleswig zur Treene war die Schlei bis ins 14. Jahrhundert ein wichtiger Verbindungsweg für den Handel zwischen Nord- und Ostsee. Schon die alten Wikinger brachen hier mit ihren Langbooten zu ihren nicht immer friedlichen Handelsreisen auf. Im Museum Haithabu wird der bedeutende Siedlungs- und Handelsplatz der bärtigen Nordmänner am Haddebyer Noor wieder lebendig. Neben einem gewaltigen Drachenboot und Runensteinen sind Wege, Brunnen, Zäune und Boote rekonstruiert.

In unmittelbarer Nachbarschaft zu Haithabu sind die Reste der Wallanlagen des Danewerks zu bestaunen, das die Dänen ursprünglich gegen die Sachsen und Slawen errichteten.

Als Haithabu 1066 dennoch von den Slawen zerstört wurde, übernahm die etwas weiter nördlich gelegene heutige Kreisstadt Schleswig das Erbe als Drehscheibe des nordeuropäischen Handels. Heute schaukeln an den Kais des Stadthafens prächtige Yachten neben kleineren Segeljollen und am Anleger Schleihallenbrücke sticht neben anderen Ausflugsdampfern nur noch die „Wappen von Schleswig" zur Schleirundfahrt in See. Doch die Fischer der in der östlichen Altstadt gelegenen Siedlung Holm werfen ihre Netze noch immer wie vor 1000 Jahren aus, um Hering, Aal, Barsch, Brassen und den erst seit Kurzem wieder heimischen Schleischnäpel zu fangen. Der geschlossen erhaltene Bestand ihrer alten Fischerhäuser mit den Rosenstöcken vor jeder Tür mit dem kleinen Friedhof und der eigenen Kapelle sind ein lohnenswerter Abstecher. Ein weiterer Touristenmagnet in Schleswig ist der Dom St. Petri, dessen Turm das Stadtbild schon von Weitem prägt. Während der Turm gerade mal 100 Jahre alt ist, kann das Gebäude selbst auf eine 800 Jahre alte Baugeschichte zurückblicken.

Etwas außerhalb Schleswigs liegt idyllisch auf einer Insel Schloss Gottorf. Die ehemalige Residenz des Herzogs von Schleswig-Holstein-Gottorf beheimatet seit vielen Jahren das Landesmuseum für Kunst- und Kulturgeschichte sowie das Archäologische Landesmuseum. Im 2007 wiedereröffneten, aufwendig rekonstruierten Barockgarten des Schlosses ist ein Nachbau des berühmten Gottorfer Riesenglobus zu besichtigen, der im 17. Jahrhundert als achtes Weltwunder gehandelt wurde. Die große begehbare Kugel zeigt auf der Außenhülle die bekannten Erdteile, in ihrem Inneren sitzt man sicher auf einer Bank, während Sterne und Planeten am Nachthimmel ihre Kreise ziehen.

Ausflugsfahrten erinnern an die Wikingerzeit.

Von oben gesehen: die Küste vor Schleswig.

Und noch mit einem weiteren hochherrschaftlichen Prachtbau kann die Region aufwarten – und zwar in der nördlichsten Stadt auf deutschem Festland, in Glücksburg. Das dortige Wasserschloss, das Herzog Johann von Schleswig-Holstein-Sonderburg im Stil der Renaissance erbauen ließ, diente zeitweilig den dänischen Königen als Residenz. Wie diese hinter den Mauern des weißen Palasts mit den vier großen Ecktürmen lebten, ist heute für jedermann zu besichtigen. Im Rosarium des ehemaligen Schlossgartens blühen seit 1991 500 verschiedene Rosensorten. Herrin über die duftende Pracht ist die jedes Jahr Ende Juni gekürte Rosenkönigin.

Die Stadt Glücksburg selbst ist seit 1949 staatlich anerkanntes Seeheilbad. 2007 wurde die Eröffnung der Fördeland-Therme gefeiert, ein riesiges Erlebnisbad und Wellnesszentrum. Doch die eigentlichen Attraktionen Glücksburgs, das am südwestlichen Ende der Ostseehalbinsel Holnis liegt, befinden sich jenseits des eigentlichen Stadtgebiets: eines der größten Waldgebiete Schleswig-Holsteins, viele, teils recht einsame Badestrände, das Holnis Kliff, eine wild-romantische Steilküste, und eine Salzwiese mit bedeutender Brutkolonie für Seevögel. Und an der Glücksburger Seebrücke legt zwischen März und Dezember mindestens viermal am Tag die „MS Viking" an. Auf einer Überfahrt durch die Förde nach Flensburg hat man einen unvergleichlichen Ausblick auf die deutsche und dänische Küstenlandschaft, der Seewind bläst noch den letzten trüben Gedanken in weite Ferne.

„Kiek mol wedder in" werben viele Gemeinden des großen Landkreises Schleswig-Flensburg an ihren Ortsausgangsschildern. Und bei so viel Sehens- und Erlebenswertem, so viel Natur, Wasser und Himmel, kommen die allermeisten Gäste dieser Aufforderung sicher nach.

Prachtvoller Sitz des Landesmuseums: Schloss Gottorf.

1 Janbeck*s Café – Pension & mehr

Adresse
Lehbek 10
24395 Gelting
Tel. 0 46 43-18 54 00
Fax 0 46 43-1 85 40 27

E-Mail: info@janbecks.de
www.janbecks.de

Öffnungszeiten
Bitte telefonisch erfragen oder auf der Homepage nachsehen
Ruhetag: Mi.

Plätze
30 Caféplätze
30 Außenplätze

Meeresrauschen, der weite Blick über Wiesen und Felder und nichts als Ruhe ringsumher – ein Ort, wie geschaffen, um einmal die Seele baumeln zu lassen.
Das dachte sich auch das Ehepaar Janbeck, als es vor gut sechs Jahren den Dreiseithof in Angeln übernahm und ihn in liebevoller Arbeit zu einem Erholungsparadies ausbaute.
Ein bisschen Skandinavien in Schleswig-Holstein finden Gäste hier: im Café weiße Wände, weiß gebeizte Dielen, die Holztische mit rot-weiß karierten Tischdecken und knalligroten Tassen und Tellern hübsch eingedeckt.
Auch diese „Weniger-ist-mehr"-Atmosphäre sorgt dafür, dass man „runterkommt" und den Alltagsstress hinter sich lässt. Und natürlich der Blick in die unverbaute Landschaft.
Und dann natürlich die allseits präsente Herzlichkeit von Gastgeberin Uta Janbeck, die dafür sorgt, dass der hausgemachte Kuchen – zum Beispiel die Trümmertorte – oder das vielseitige Frühstück (bis 13 Uhr!) noch mal so gut schmecken.

Im Winter freuen sich die Gäste nach ihrem Spaziergang über einen heißen Tee vorm knisternden Holzofen.

Im Sommer werden Freunde von Kaffee und Kuchen – nach Wunsch und skandinavischem Vorbild – mit einem Henkelkorb mit den Speisen ihrer Wahl ausgestattet und dürfen sich ihren ganz persönlichen Lieblingsplatz im Freien suchen. Ganz schön schwierig die Wahl: Nehmen wir den Bauerngarten, setzen uns unter die ausladende Linde oder doch lieber mit einer Decke auf die Wiese?

Da zum Wohlfühlen auch die Gesundheit gehört, achtet Frau Janbeck, übrigens gelernte Hauswirtschaftsmeisterin, bei der Wahl ihrer Produkte auf Qualität. Vieles – und immer mehr – kommt aus der Region. Und sollten Schokoladenpulver (für den Kakao) oder Vanilleeis doch einmal Stabilisatoren enthalten, so wird explizit auf der Karte darauf hingewiesen. Kein Wunder, dass angesichts der herzlichen Fürsorge dieser Gastgeber so manch einer den Cafébesuch zum (Kurz-)Urlaub ausdehnt – auch in den gemütlichen Zimmern findet man übrigens puristisches Weiß statt Schrankwände „Eiche rustikal".

Und wer sich auf einen Ausflug – im Sommer mit dem Fahrrad – in den Süden Angelns begibt, wird ebenfalls an Skandinavien erinnert: durch die fjordähnliche Landschaft rund um die Schlei.

Anfahrt

Mit dem Auto
A7 bis Rendsburg, Eckernförde, Kappeln, Gelting durchfahren Richtung Flensburg, an der B199 abbiegen Richtung Lehbek (grünes Schild)

Mit der Bahn
Bahnhof Flensburg, vom ZOB mit Bus Richtung Kappeln, Haltestelle Nordstraße (Lehbek), 6 Min. Fußweg
Oder mit dem Fahrrad vom Bahnhof Süderbrarup

Extras
- Märkte
- Seminare

Übernachtung
2 Doppelzimmer,
3 Appartements,
2 Ferienwohnungen
(rollstuhlgerecht und 5 Sterne)

Sehenswertes in der Umgebung
- Ostsee
- Naturschutzgebiet Geltinger Bucht
- Naturpark Schlei
- Und vieles mehr!

Adresse
Theodor-Storm-Allee 14
24848 Kropp
Tel. 0 46 24-80 32 89
Fax 0 46 24-4 50 61 83

E-Mail: info@antikhof-kropp.de
www.das-romantische-land-haus-kropp.de

Öffnungszeiten
Di. - Sa. 14 - 22 Uhr,
So. und Feiertage ab 11.30 Uhr
Ruhetag: Mo.

Plätze
140 Caféplätze
60 Außenplätze

Das Romantische Landhaus

2 Das Romantische Landhaus

Nomen est omen, und so kommen romantische Gemüter und Antiquitätenliebhaber in diesem Hofcafé auf ihre Kosten. Der Aufenthalt in den mit alten Möbeln liebevoll gestalteten Räumen ist wie eine Zeitreise in vergangene Jahrhunderte und wird vom Genuss sorgfältig zubereiteter Speisen gekrönt.
Süße Gaumen schätzen vor allem die ausgefallenen Tortenkreationen wie Eierlikörtorte mit Preiselbeeren, Riesenwindbeutel mit heißen Amarettokirschen oder probieren Sie doch mal den bekannten „Kropper Schmalzgebäck Kringel" mit Eierlikör.
Ein Shoppingbummel führt durch Kamin-, Musik-, Rosenzimmer, Wintergarten und Festsaal, denn das gesamte Mobiliar der Caféräume kann erworben werden, vom Biedermeiertischchen bis zum Bauernschrank, vom versilberten Kerzenständer bis zum gusseisernen Herd.
Oder Sie kleiden sich dem Ambiente gemäß neu und preiswert ein: Neben Home-and-Garden-Artikeln, Büchern und Accessoires gibt es auch eine Auswahl an Secondhand-Land-

hausmode. Im Sommer ist auch der Romantik-Garten einen Besuch wert, wenn Sie sich nicht ohnehin zum Speisen an einem der besonders dekorierten Tischen niedergelassen haben.

Seinen Anfang nahm alles mit der Sammelleidenschaft der Cafébetreiber, einer Ärztin und einem Berufsoffizier, die auf der Suche nach einem geeigneten Gebäude für ihre „Schätzchen" auf den Resthof im Örtchen Kropp zwischen Rendsburg und Schleswig stießen. Was lag näher, als die Besucher der nach und nach geschaffenen Präsentationsräume auch kulinarisch zu verwöhnen?

Und das Angebot des Romantischen Landhauses wächst stetig. Inzwischen lädt es nicht nur zu Kaffee und Kuchen, Mittagessen und Abendbrot, sondern auch zu Mottoabenden wie dem Wildererbuffet, dem italienischen Abend, Lesungen und Kulturveranstaltungen.

Auch der Bund fürs Leben kann in diesem romantischen Ambiente geschlossen werden. Für die standesamtliche Trauung steht das Trauzimmer mit antiken Hochzeitsstühlen zur Verfügung, für die anschließende Feier bilden die Gasträume den stilvollen Rahmen. Damit noch nicht genug: Brautpaar und Hochzeitsgäste können sich im Romantischen Landhaus nach einem unvergesslichen Tag auch zur Ruhe begeben. Seit diesem Jahr warten insgesamt elf Zimmer auf Übernachtungsgäste.

Anfahrt

Mit dem Auto
A7 bis Ausfahrt Owschlag, B77 Richtung. Schleswig, ca. 3 km nach Owschlag links nach Kropp abbiegen. Richtung Ortsmitte nach 800 m auf linker Seite

Mit der Bahn
Bahnhof Owschlag, Bus bis Kropp

Mit dem Fahrrad
Ab Bahnhof Owschlag Richtung Kropp dem Alten Ochsenweg folgen, bei Kropperbusch die B77 überqueren, dann weiter Richtung Kropp

Extras
- Verkauf von Antiquitäten, Accessoires, Home-and-Garden-Artikeln, Secondhand-Landhausmode
- Spielecke im Café, Spielbereich im Garten
- Mottoabende (Wildererbuffet, Italienischer Abend, Lesungen und andere Kulturveranstaltungen), Weihnachtsmarkt am 1. Adventswochenende

Übernachtung
8 Doppelzimmer, 3 Einzelzimmer

Sehenswertes in der Umgebung
- Wikingermuseum Haithabu
- Naherholungsgebiet Schleiregion
- Eckernförde
- Rendsburg mit Nord-Ostsee-Kanal und Schwebefähre
- Naturpark Hüttener Berge
- Schleswig, Schloss Gottorf
- Husum

Rendsburg-Eckernförde, Kiel und Segeberg

Region 4

1 Antik-Hof Bissee

72

Eiderstraße 13 · 24582 Bissee
Tel. 0 43 22-25 00 · Fax 0 43 22-13 99

2 Quaaler Ehrgarten

74

Immrader Weg 2 · 23821 Quaal
Tel. 0 45 59-5 50 · Fax 0 45 59-99 97 58

3 Die Kate

76

Dorotheenthal 1 · 24351 Damp
Tel. 0 43 52-51 11 oder 23 18 · Fax 0 43 52-95 69 30

4 Himbeerhof Steinwehr

77

24796 Bovenau/Steinwehr
Tel. 0 43 57 2 41 · Fax 0 43 57-97 15

5 Kunst-Café Fleckeby

78

Auf der Höhe 10 · 24357 Fleckeby
Tel. 0 43 54-7 42 · Fax 0 43 54-13 38

6 Café Altes Rauchhaus

80

Kleinredder 1 · 24634 Padenstedt
Tel. 0 43 21-2 36 81 · Fax. 0 43 21-9 65 11 51

7 Hofcafé und Hofladen Hof Weide

82

Hauptstraße 32 – 34 · 24616 Hardebek
Tel. 04324-882790 · Fax. 0 43 24-8 82 79 11

8 Landhaus Saggau

84

Dreiüm 29 · 25479 Ellerau
Tel. 0 41 06-62 59 83 · Fax. 0 41 06-7 85 42

9 Landcafé Bocksrüde

86

Bocksrüde 1 · 24398 Winnemark
Tel. 0 46 44-9 66 90 · Fax. 0 46 44-10 51

10 Gut Stockseehof

88

Gut Stockseehof · 24326 Stocksee
Tel. 0 45 26-83 39 · Fax 0 45 26-30 97 15

Hier findet sich immer ein Fleckchen der Ruhe.

„In Eckernför dar hebbt wi't rut ut Sülver Gold to macken." Die Eckernförder haben nicht etwa ein alchemistisches Geheimnis gelöst, sie sind Spezialisten in Sachen Räucherfisch. Denn aus Silber Gold zu machen bezieht sich in dem beliebten Sprichwort auf die Farbe der Kieler Sprotten, deren Hautfarbe im Räucherofen von silbern zu knusprig golden wechselt.
Die Fischspezialität kommt nämlich ursprünglich aus Eckernförde und kam zu ihrem irreführenden Namen, weil sie im 19. Jahrhundert bei der Verfrachtung den Stempel des Kieler Bahnhofs erhielt. Fischfang und Fischverarbeitung haben in den letzten Jahren zwar an Bedeutung verloren, dennoch kann man immer noch morgens im Stadthafen Eckernfördes direkt vom Kutter frische Scholle, Dorsch oder Meerforelle kaufen.

Nach einem Bummel am Hafen, wo Veranstaltungen, wie die Sprottentage im Juli oder das Piratenspektakel im August, stattfinden, zieht es Besucher in die historische Altstadt. In der Innenstadt gibt es zahlreiche Sehenswürdigkeiten, wie das Stadtmuseum im Alten Rathaus, die Holzbrücke, die den Binnen- vom Außenhafen trennt, sowie die St. Nicolaikirche. Wer mehr über die Natur an der Ostsee erfahren möchte, stattet dem 2008 eröffneten Ostsee-Info-Center am Übergang zwischen Strand und Hafen einen Besuch ab. In mehreren Aquarien ist dort die Welt der Ostsee buchstäblich zum Greifen nah: Man kann einem Plattfisch über die Haut streichen, eine Strandkrabbe anfassen oder spüren, wie sich ein Seestern auf der Hand festsaugt. Auch zahlreiche Gutshöfe öffnen im Som-

Auf vielen Gewässern möglich: Kanutouren in unberührter Natur.

mer ihre Pforten, Reiterhöfe laden zu Ausritten ein und kleine Landcafés erfreuen ihre Gäste mit Kuchen und Kaffee. Dazu gehört zum Aufwärmen natürlich ein echter Küstennebel aus Eckernförde!

Die zerklüftete Fördelandschaft, zu der auch die Eckernförder Bucht und die Kieler Förde gehören, entstand während der letzten Eiszeit. Die schmalen Meeresbuchten wurden von Gletscherzungen gegraben und reichen mehrere Kilometer ins Landesinnere. Da sie gut vor Sturm und Fluten geschützt sind, entstanden viele Hafenstädte in diesen Buchten. So auch Kiel, das im Mittelalter als nördlichster sächsischer Ostseehafen gegründet wurde. Über Jahrhunderte stand Kiel im Schatten der großen Nachbarstädte Flensburg und Lübeck und war eher unbedeutendes Mitglied der Hanse. Die Geschichte Kiels wird im Stadtmuseum lebendig, das seinen Sitz im 1616 erbauten und 2009 frisch sanierten Warleberger Hof hat, dem ältesten erhaltenen Adelshof der Stadt. Durch ein prächtiges Sandsteinportal aus dem Jahre 1765 gelangt man in das denkmalgeschützte Gebäude. Neben dem eindrucksvollen Kellergewölbe sind historische Räume mit bemalten Stuckdecken und wertvollen Tapeten erhalten.

Nur knapp 500 Meter entfernt, am Ufer der Förde, sind im Sommer drei Oldtimer unter den Schiffen vertäut: der Seenotrettungskreuzer „Hindenburg“, das Feuerlöschboot „Kiel“ und der Tonnenleger „Bussard“, ein kohlebefeuertes Dampfschiff von 1905. Sie gehören zum Kieler Schifffahrtsmuseum, das sich gleich

Beste Zeit für eine Fahrradtour: zur Rapsblüte.

gegenüber befindet. Die Sammlung erzählt mit ihren zahlreichen Schiffsmodellen, nautischen Instrumenten und Galionsfiguren anschaulich die Geschichte der Hafenstadt Kiel.
Auch heute noch starten hier im Hafen große Fähren nach Oslo und Göteborg oder legen Kreuzfahrtschiffe auf dem Weg von Hamburg nach Skandinavien einen Zwischenstopp ein. Einmal im Jahr zieht der Hafen besondere Aufmerksamkeit auf sich: zur Kieler Woche, wenn die Segelwelt zehn Tage lang Boote und Schiffe präsentiert und sich bei Regatten Kopf-an-Kopf-Rennen liefert. Begleitet wird das großartige Spektakel von einem abwechslungsreichen Programm für Groß und Klein.

Und noch eine Attraktion sollten sich Besucher keinesfalls entgehen lassen: den Nord-Ostsee-Kanal, der von der Kieler Förde bis in die Elbe und die Nordsee führt. Besonders spannend ist es, wenn auf ihm gerade ein Kreuzfahrtschiff oder anderer Ozeanriese unterwegs ist. Der an der breitesten Stelle gerade mal 162 Meter breite Kanal ist die meistbefahrene künstliche Wasserstraße der Welt. Jährlich passieren sie über 40000 Fahrzeuge. Das nach seinen Abmessungen größte Schiff war im Oktober 2009 die „Ever Leader“ mit 225 Metern Länge und über 32 Metern Breite. Wenn so ein Gigant sich durch den Kanal schiebt, sieht es von Ferne so aus, als würde er geradewegs durch die Felder

schwimmen. Dann sammeln sich auf der ganzen Länge des Kanals Schaulustige – unter ihnen auch Ausflügler, die auf ihren Fahrrädern am Kanal entlangradeln.
Solch eine Radtour von der Schleuse Brunsbüttel bis zur Kieler Förde führt an Burg, Breiholz, Rendsburg, Büdelsdorf, Sehestedt und Schinkel vorbei. In Rendsburg kann ein ganz besonderes Bauwerk bewundert werden: die 2,5 Kilometer lange und 42 Meter hohe Eisenbahn-Hochbrücke über den Nord-Ostsee-Kanal. Die „Eiserne Lady" ist das Wahrzeichen Rendsburgs und gilt als eines der bedeutendsten Technikdenkmäler in Deutschland. 140 Meter beträgt die Spannweite zwischen den beiden Pfeilern. Die Schwebefähre unterhalb der Brücke pendelt an Seilen über dem Wasser. Von Mai bis September gibt es jeden Sonntag Brückenbesteigungen. Auch wenn die Brücke nicht so hoch ist wie ein Fernsehturm, so wirken die 42 Meter im Flachland doch gewaltig.
Rendsburg selbst ist touristisch wenig erschlossen. Doch die alte Handels- und Garnisonsstadt am Nord-Ostsee-Kanal bietet ein reichhaltiges Kulturprogramm: vom Landestheater über Museen, Ausstellungen und Konzerte von Jazz- und Big-Bands, Auftritte von Tanz- und Trachtengruppen bis zu den Konzerten des Schleswig-Holstein Musik Festivals in den Sommermonaten. Der größte Schatz der Rendsburger ist die Natur ringsum. Schilfbestandene Gewässer, wie die malerische Eider, Seen und Moorgebiete, sowie idyllische Wander- und Radwege entlang des Nord-Ostsee-Kanals.
Natur wird überhaupt großgeschrieben im Zentrum Schleswig-Holsteins. Die Region ist ein wichtiges Naherholungsgebiet für die nahe Landeshauptstadt Kiel, und auch etliche Hamburger zieht es hier am Wochenende in die Natur. Seit Oktober 2008 ist die Region um die Schlei als Naturpark anerkannt. Hier beginnt der Naturparkweg, der die fünf Naturparks des Landes verbindet. Er führt über 117 Kilometer von Eckernförde über Aschberg, Sehestedt, Westensee, Brammer, Aukrug, Brokstedt, Wiemersdorf, Fehrenbötel, Blunk, Bad Segeberg, Bad Oldesloe bis zu den Lauenburgischen Seen. Das Land zwischen den Meeren hat sich in den letzten Jahrzehnten zum Glück kaum verändert: Sanfte Hügel wechseln sich mit Wiesen, Feldern, schilfumsäumten Seen und Weiden ab. In den Naturparks „Hüttener Berge", „Westensee", „Aukrug" und „Lauenburgische Seen" können Wanderer nahezu alle Landschaftsformen des mittleren Schleswig-Holsteins finden: Naturbelassene Wälder, Heide, Bauernland, Seen und Moore

Mittelpunkt eines von fünf Naturparks: der Westensee.

wechseln sich ab. Vor allem die Knicks sind in Schleswig-Holsteins Mitte landschaftsprägend. Diese Wallhecken wurden von den Bauern Ende des 18. Jahrhunderts zur Abgrenzung ihrer Felder angelegt.

Die „lebenden“ Zäune sind wichtiger Lebensraum für Tiere und Pflanzen. Heute noch bilden sie als Verbindung von Wiesen, Wäldern und Gräben ein netzartiges System von rund 46000 Kilometern Länge.

Auch Bad Segeberg umgibt die charakteristische Knicklandschaft. Eine Besonderheit sind der 91 Meter hohe Kalkberg und die Höhle zu seinen Füßen. Sie bietet Tausenden Fledermäusen und dem weltweit einzigartigen Segeberger Höhlenkäfer Unterschlupf. Es finden Führungen statt, die wegen der hohen Luftfeuchtigkeit gern von Asthmatikern genutzt werden. Direkt neben dem Kalkberg eröffnete 2006 das Fledermauszentrum Noctalis: Auf vier Stockwerken erfährt man alles Wissenswerte über die fliegenden Säuger. In der obersten Etage leben über hundert Brillenblattnasen aus Südamerika. In einer der alten Gipsabbaugruben am Berg wurde in den dreißiger Jahren das Kalkbergstadion errichtet, in dem alljährlich die Karl-May-Spiele und diverse Konzerte aufgeführt werden. Von den Hafenstädten Eckernförde und Kiel über die Naturparks und Seenlandschaften bis hin zu kleinen Städtchen und Dörfern – in der Mitte Schleswig-Holsteins können es sich alle gut gehen lassen: Familien, Badeurlauber, Kulturfreunde, Wanderer, Radfahrer, Angler, Ruderer, Surfer und Segler.

1 Antik-Hof Bissee

Adresse
Eiderstraße 13
24582 Bissee
Tel. 0 43 22-25 00
Fax 0 43 22-13 99

E-Mail: info@antikhof-bissee.de
www.antikhof-bissee.de

Öffnungszeiten
Restaurant:
Di. - Fr. ab 18 Uhr,
Sa. und So. ab 12 Uhr
Bistro:
Mai bis Oktober
Di. - So. ab 12 Uhr
Ruhetag: Mo.

Plätze
140 Caféplätze
80 Außenplätze
(zusätzlich für kleine Feiern
75 Plätze in der „Schmiede“)

Antiquitäten und Wohnaccessoires, Kulturveranstaltungen, Kunst- und Skulpturenausstellungen, Familienfeste, Bier- und Kaffeegarten, gepflegtes Essen im historischen Ambiente eines alten Bauernhofes und drum herum ein wunderschönes Fleckchen Schleswig-Holstein – wer als Ausflugsziel den Antik-Hof Bissee wählt, findet junge und anspruchsvolle ländliche Lebensart in Reinkultur. Renate Stamer hat zusammen mit Geschäftsführer Dieter Mengel diesen beliebten Treffpunkt auf dem Lande etabliert, der nun schon seit fast 40 Jahren entdeckungsfreudige Besucher von nah und fern anzieht.

„Unkomplizierter Genuss“ ist das Erfolgsrezept des malerischen Bauernhofs, dessen Kernstück das Restaurant im ehemaligen Kuhstall bildet. Hier speist man in einem charmantem Stilmix aus ländlich-rustikal, gemütlich und leger. Ein echter Hingucker ist der offene Kamin in der Mitte des Raumes, um den herum antike Tische, Stühle und Plüschsofas aus Großmutters Zeiten gruppiert sind – und der besonders zur kalten Jahreszeit für ein behagliches und stimmungsvolles Am-

biente sorgt. Da schmeckt die Gans mit Fliederbeerrotkohl, Kartoffelklößen und kleinem Holsteiner Bratapfel aus der „Adventsküche" gleich noch mal so gut.

Je nach Saison wechseln die regionaltypischen Kreationen von Küchenchef Carsten Ott, die von der Holsteiner Kartoffelsuppe über gebratenen Sarlhusener Saibling bis zum Deichlammrücken reichen. Bei den Desserts steht u. a. das Vanilleeis im gebackenen Marzipanmantel mit warmen Beeren ganz weit oben in der Gunst der Genießer. In puncto Zutaten ist im Antik-Hof Bissee die oberste Prämisse: Hier werden frische Produkte aus der Region verwendet – für das Gründungsmitglied von „FEINHEIMISCH – Genuss aus Schleswig-Holstein e. V." selbstverständlich. Und als erstes zertifiziertes Bio-Restaurant Schleswig-Holsteins fehlen auch die Biogerichte nicht auf der Karte.

Übrigens: Bei schönem Wetter genießt man die kulinarischen Köstlichkeiten am besten draußen im Kaffeegarten unter ausladenden Buchen und Kastanien. Oder vielleicht auch nur mal eine Tasse Kaffee und ein Stück des hausgemachten Kuchens – ebenfalls ein Genuss!

Anfahrt

Mit dem Auto
A7, Abfahrt Bordesholm Richtung Plön, nach 7,5 km links ab Richtung Bissee

Mit der Bahn
Bahnhof Bordesholm, weiter mit dem Fahrrad bis Bissee

Extras

- Streichelgehege
- Spielplatz
- Kinderspeisekarte zum Ausmalen
- Spielzeug
- Hofladen mit hausgemachten regionalen Produkten
- Gartenhaus mit Produkten rund um den Garten
- Skulpturenausstellung
- Bioprodukte

Sehenswertes in der Umgebung

- Klosterkirche Bordesholm
- Lehrpfad Kulturlandschaft Bothkamp – Hof Siek
- Tierpark Arche Warder
- Schleswig-Holsteinisches Freilichtmuseum in Molfsee

2 Quaaler Ehrgarten – Café und Laden

Adresse
Immrader Weg 2
23821 Quaal
Tel. 0 45 59-5 50
Fax 0 45 59-99 97 58

E-Mail:
e.hoeppner-rohder@web.de

Öffnungszeiten
Januar geschlossen
Februar: Sonntags 14 – 18 Uhr
März: Sa. und So. 14 – 18 Uhr
April bis Dezember:
Do. - So. 14 – 18 Uhr
Sonntags Frühstück 10 – 13 Uhr
auf Anmeldung

Plätze
50 – 70 Caféplätze
70 Außenplätze

Wer den Quaaler Ehrgarten das erste Mal betritt, könnte fast meinen, er sei im Garten Eden angekommen. Das 5000 Quadratmeter große Areal, das im englischen Stil angelegt ist, verzaubert seine Besucher zunächst durch die Vielfalt seiner Rosenarten. Die wohlriechende Königin der Blumen spielt im liebevoll gestalteten Bauerngarten die Hauptrolle. Romantiker haben die Möglichkeit, lavendelgezierten Wegen zu folgen, im Rosenlaubengang Schatten zu finden oder im blumenumrankten Pavillon zu verweilen. Zahlreiche duftende Kräuter und Blumen in leuchtenden Farben laden ein, den Alltag hinter sich zu lassen.

Einen märchenhaften Ort hat Inhaberin Eike Höppner-Rohder mit dem Quaaler Ehrgarten geschaffen und sich im Jahr 2006 zusätzlich den Traum eines Bauernhofcafés erfüllt. Während sich die Kinder auf dem Spielplatz vergnügen, können die Großen drinnen Platz nehmen oder bei schönem Wetter eine der Sitzecken im Garten aufsuchen. Von dort aus haben sie einen wunderbaren Blick auf Obst-

bäume, Beerensträucher und den Gartenteich.
Täglich frisch gebackene Kuchen und Torten aus eigener Herstellung erwarten die Cafégäste. Die auf einem Buffet wirkungsvoll präsentierten Prachtstücke lassen das Herz jeder Naschkatze höherschlagen. Wer könnte etwa der Ehrgarten Rosentorte, der gefrosteten Eiskaffeetorte oder all den anderen Köstlichkeiten widerstehen? Im Innern des Cafés schaffen stilvolle Ausstellungsstücke und Wohnaccessoires ein geschmackvolles Ambiente, das sich als i-Tüpfelchen in der Tischdekoration wiederfindet.
Wer von der heimeligen Atmosphäre etwas mit nach Hause nehmen möchte, hat nicht nur die Gelegenheit, im Bauernhaus manches Souvenir für die eigene Wohnung oder den Garten zu erwerben, sondern kann auf dem Hof auch Pflanzenstauden, Rosenstöcke und Kräuter kaufen.
Angesichts der idyllischen Umgebung liegt der Gedanke nahe, nach einem traumhaft verbrachten Nachmittag rund um den Ehrgarten ein rauschendes Fest in dieser Location zu feiern. Welch ein Glück, dass das Café für geschlossene Veranstaltungen gemietet werden kann. Auf einer Fläche von 140 Quadratmetern finden individuell gestaltete Events Platz.

Anfahrt
Mit dem Auto
A21oder A7 Richtung Bad Segeberg

Mit der Bahn
Bahnhof Bad Segeberg

Extras
- Kinderspielplatz
- Verkauf von Pflanzen und Kräutern, Wohn- und Gartenaccessoires
- Oster-, Herbst- und Weihnachtsausstellungen, Rosenfest, Offener Garten

Sehenswertes in der Umgebung
- Bad Segeberg
- Karl-May-Spiele
- Noctalis – Welt der Fledermäuse
- Kunsthalle Otto Flath
- Naturpark Holsteinische Schweiz
- Ostsee
- Kutschfahrten: Kirch- und Gütertour

Adresse
Dorotheenthal 1
24351 Damp
Tel. 0 43 52-51 11 o. 23 18
Fax 0 43 52-95 69 30

Öffnungszeiten
Saison: Tägl. ab 11.30 Uhr
Nebensaison: Di. – Fr. ab 15 Uhr, Sa. und So. ab 11.30 Uhr
Ruhetag: Nebensaison Mo.

Plätze
60 Caféplätze, separater Clubraum mit Kamin 80 Plätze
35 Außenplätze

Anfahrt
Mit dem Auto
A7 bis Abfahrt Rendsburg, Büdelsdorf Richtung Damp, dann auf B203 über Eckernförde Richtung Kappeln, Abfahrt Damp. 100 m vor Ortseingang rechts ab nach Dorotheenthal. Bushalte- und Parkplatz vor dem Café

Extras
- Spieltisch für Kinder im Café, Ponyreiten für Kinder
- Kutschfahrten nach Voranmeldung
- Hobbymarkt zu Ostern und im Herbst
- Reitturnier im Frühjahr und Herbst

Sehenswertes in der Umgebung
- Ostseebad Damp mit Vital- und Wellnesszentrum
- Eckernförde mit schöner Altstadt und Ostsee-Informationszentrum
- Schleswiger Dom
- Landesmuseum Schloss Gottorf
- Kappeln („Deekelsen“ – Drehort der ZDF-Serie *Der Landarzt*)

3 Die Kate

Was einst ein Vereinsheim für ambitionierte Reiter war, ist heute ein gemütliches Lokal, in dem sich (nicht nur) Pferdeliebhaber wohlfühlen. Aus der nebenan liegenden Reithalle, die vom Café einsehbar ist, dringt Hufgetrappel, Kutschen stehen (nach Voranmeldung) für Ausfahrten bereit und zutrauliche Ponys freuen sich über Streicheleinheiten, während sie auf kleine Reiter warten.
Die Küche der Kate hat sich auf regionale Spezialitäten verlegt. Auf die liebevoll gedeckten Tische kommt zum Beispiel frischer Fisch von der nahen Ostseeküste oder Oma Ilses Zitronentorte – ein preisgekröntes Backwerk, das bei der 1. Norddeutschen Tortenmeisterschaft 2006 mit dem 2. Preis ausgezeichnet wurde. Wer sich selbst an dem Rezept probieren möchte, findet es in dem Buch „Tolle Torten aus Schleswig-Holstein und Mecklenburg-Vorpommern“, das man neben Bastelarbeiten und Fotokarten im Café erwerben kann.

4 Himbeerhof Steinwehr

Rubus idaeus – sie spielt hier die Hauptrolle: die Himbeere. Der feinen Frucht verdankt der idyllisch am Nord-Ostsee-Kanal gelegene Hof schließlich seinen Namen. Wenn allerdings Anfang Juni mit Körben ausgerüstete Besucher sich auf den Beerenplantagen ringsherum die dicksten Früchte abpflücken, handelt es sich dabei (noch) nicht um Himbeeren, sie sind erst ab Mitte Juli reif. Als Erste in der Saison haben die Erdbeeren ihren großen Auftritt. Zwar können die Früchte – in Nebenrollen übrigens noch Süßkirschen und Johannisbeeren – auch in Körben gekauft werden. Aber das Selberpflücken lässt den Landausflug erst zum ganz besonderen Erlebnis werden. Nach getaner Arbeit gibt's als Belohnung ein Stück Himbeertorte oder eine andere selbst gebackene Köstlichkeit im großen Garten-Café. Und ein dickes Rezepthett verrät, was die fleißigen Pflücker aus den Früchten zu Hause selber zaubern können.

Adresse
24796 Bovenau/Steinwehr
Tel. 0 43 57-2 41
Fax 0 43 57-97 15

E-Mail: info@himbeerhof.de
www.himbeerhof.de

Öffnungszeiten
Mitte Mai bis Mitte August
tägl. 8 – 19 Uhr

Plätze
Ca. 650 Außenplätze im Cafégarten (zum Teil mit festen Zelten)
Ca. 200 Plätze in der Festhalle für größere Veranstaltungen

Anfahrt
Mit dem Auto
Der Himbeerhof Steinwehr liegt direkt am Nord-Ostsee-Kanal zwischen Rendsburg und Kiel. BAB 210, Ausfahrt Bredenbek Richtung Bovenau, in Bovenau Richtung Sehestedt, nach ca. 1 km links zum Himbeerhof.

Extras
- Verkauf hofeigener Produkte: Himbeeren, Erdbeeren, Johannisbeeren, Kirschen, Bohnen, Gemüse, Käse, Wurst- und Fleischwaren, Eingemachtes
- Selbstpflücken möglich
- Weihnachtsmarkt

Sehenswertes in der Umgebung
- Von Bovenau: 5-Güter-Tour (Kutschentour über Kluvensiek, Osterrade, Georgenthal, Steinwehr und Dengelsberg)
- Nord-Ostsee-Kanal
- Ostsee
- Eckernförde
- Schleswig

Adresse
Auf der Höhe 10
24357 Fleckeby
Tel. 0 43 54-7 42
Fax 0 43 54-13 38
E-Mail:
tammling.fleckeby@t-online.de
www.kunst-cafe-fleckeby.de

Öffnungszeiten
Letztes Wochenende im Februar bis September und letztes Wochenende im Oktober bis 4. Advent:
Sa. - Mi. 14.30 - 18.30 Uhr
Reservierung möglich.
Januar und Februar:
Sa. und So. 14.30 - 18 Uhr
Ruhetage März bis September, November und Adventszeit:
Do. und Fr.
Ruhetage Januar und Februar:
Mo. - Fr.
Gruppen ab 20 Personen auch außerhalb der regulären Öffnungszeiten nach Vereinbarung.

Plätze
30 Caféplätze
30 Plätze auf der überdachten Terrasse

5 Kunst-Café Fleckeby

Hierher kommen Gäste nicht nur wegen Kaffee und Kuchen: Mit mehr als hundert Rosen, außerdem Clematis, Lilien und allerlei Blühendem mehr lockt allein schon der Garten etliche Besucher zum Kunst-Café von Gudrun Teuteberg-Tammling. Mit viel Liebe zum Detail hat sie ihn angelegt: Hier ist ein kleiner Engel versteckt, dort ein bronzenes Mädchen mit Blumenkörben - alles geschmackvoll in Szene gesetzt.

Die duftenden Rosenblüten werden zu Konfitüren und Getränken verarbeitet, ebenso erntet man Holunderblüten, Tannenspitzen und andere Früchte, um leckere Spezialitäten herzustellen. Und auch für ihre Torten denkt sich Gudrun Teuteberg-Tammling immer wieder Neues aus. Wer wissen möchte, wie etwa die „Holunderblütentorte", der „Herbstzauber" oder „Tante Elsas Mohnkuchen" wohl schmecken, bekommt als Selbstabholer die feinen Stücke auch außer Haus. Es wäre aber schade zu gehen, ohne wenigstens einen kleinen Blick ins Innere des charmanten Cafés geworfen zu haben. „Ich wollte besondere Dinge anbieten, dazu einen guten Kaffee und ein leckeres Stück selbst

gebackene Torte – und all dies in einem schönen Ambiente – und die Gäste so behandeln, wie ich es gerne hätte."
So eröffnete Frau Teuteberg-Tammling 1985 ihr Kunst-Café, mit dem sie damals ihrer Zeit weit voraus war.
Dass sie die schönen Dinge des Lebens liebt, muss die Hauswirtschaftsleiterin nicht extra betonen. Gemütliches Mobiliar, die Tische mit hübschen Tischdecken und Kopenhagener Porzellan, der Kaffee wird nur in Silberkannen serviert – stilvolle Kaffeekultur vom Feinsten. Gäste können allerlei Kunstgewerbliches erstehen, handgearbeiteten Schmuck und bizarre Kränze und Sträuße von Eva Wrigge zum Beispiel. Oder für den Garten Rankhilfen aus Eisen und mundgeblasenes Glas. Auch der Ostermarkt ab dem letzten Februarwochenende sowie ständig wechselnde Bilder- und Themenausstellungen machen einen Besuch reizvoll. Ein besonderes Highlight ist schon seit über 25 Jahren der Weihnachtsmarkt, der am letzten Oktoberwochenende beginnt. Ausgefallene Weihnachtsdeko und Christbaumschmuck stehen im Mittelpunkt: 13 (!) Tannenbäume und alle Cafétische sind in verschiedenen Farben und Stilrichtungen geschmückt. Wie gesagt: Dieses Café besucht man nicht nur der Torten wegen.

Anfahrt
Mit dem Auto:
A7 Abfahrt Brekendorf Richtung Fleckeby, sofort nach dem Ortsschild „Fleckeby" rechts und dann geradeaus, bis zum Ende „Auf der Höhe"
B76: Fleckeby liegt zwischen Eckernförde und Schleswig (je ca. 10 km)

Einkaufen
- Ausgefallene Konfitüren und Liköre
- Auserlesene Geschenkartikel
- Seidenblumenkränze und -sträuße
- Handgearbeiteter Schmuck
- Tischdecken
- Antiquitäten
- Gartenrankhilfen und Kunstwerke
- Viele Engel und Figuren
- Mundgeblasenes Glas

Extras
- Terrasse mit Blick in den Garten und das Landschaftsschutzgebiet
- Schaukel für Kinder
- Garten mit mehr als 100 Rosen (zu Café-Öffnungszeiten stets geöffnet)
- Wechselnde Bilderausstellungen
- Ostermarkt (Beginn: letztes Wochenende im Februar)
- Weihnachtsmarkt (Beginn: letztes Wochenende im Okt.)

Sehenswertes in der Umgebung
- Ostseefjord Schlei
- Jachthafen in Fleckeby
- Viele Künstler in Fleckeby
- Landschaftsschutzgebiet der Hüttener Berge
- Wikingermuseum Haithabu in Schleswig
- Landesmuseum in Schleswig
- Ostseebad Eckernförde

6 Café Altes Rauchhaus

Adresse
Kleinredder 1
24634 Padenstedt
Tel. 0 43 21-2 36 81
Fax. 0 43 21-9 65 11 51

E-Mail:
info@cafe-altes-rauchhaus.de
www.cafe-altes-rauchhaus.de

Öffnungszeiten
Do. - So. 13 - 18 Uhr,
Ruhetage: Mo. - Mi.
Gesellschaften nach
Vereinbarung

Plätze
70 Caféplätze
80 Außenplätze unter
500 Jahre alten Eichen
und Buchen

Unter dem schützenden Dach von über 500 Jahre alten Buchen und Eichen hat die alte Rauchkate, ein Fachhallenhaus von 1611, im Lauf der Jahrhundert viele Feuersbrünste überstanden. Das älteste Gebäude Padenstedts und des Kreises Rendsburg-Eckernförde liegt inmitten des Naturparks Aukrug direkt am Radwanderweg „Ochsenweg“. Seit 1890 befindet sich die denkmalgeschützte, reetgedeckte „Hufe“ (Hofstelle) im Besitz der Familie Struve und wurde im Jahr 2009 von Helga und Jens Struve liebevoll restauriert und zu neuem Leben erweckt. Altes Gebälk und Lehmgefache von früher und der neu errichtete Kamin sorgen für ein rustikales und gemütliches Ambiente. Radwanderer und andere Cafébesucher lassen sich gern mit den leckeren hausgemachten Kuchen und Torten verwöhnen, die nebenan im eigenen „Backhuus“ nach Omas Rezepten frisch zubereitet werden. Von Apfel-Schmand-Torte über Himbeer-Baiser und Marzipan-Nuss-Torte ist für jeden Geschmack etwas dabei. Und wer es lieber herzhafter mag,

bestellt ein rustikales Schinken- oder Mettwurstbrot oder auch ein Käsebrot mit Allgäuer Bergkäse, auf Wunsch auch zum Mitnehmen als Picknick für unterwegs. Im einladenden Kaffeegarten unter alten Bäumen kann man zur Erfrischung leckeres Eis aus einer kleinen Hamburger Eismanufaktur, Wein von der Ahr, ein kühles Bier oder eine große Auswahl an Direktsäften genießen. Beim Blick in den Gemeindebarockgarten mit Wasserspiel lässt es sich nach einer Radtour oder einem Ausflug zum Ponypark Padenstedt wunderbar entspannen. Wer die urige Atmosphäre der alten Rauchkate am wärmenden Kamin genießen möchte, kommt im Herbst zu Federweißem und Zwiebelkuchen oder meldet sich zum winterlichen Grünkohlessen an. Auch für Unterhaltung ist gesorgt: Regelmäßig stehen Jazzfrühschoppen, Lesungen und Grillabende mit Musik auf dem Programm.

Anfahrt

Mit dem Auto
A7, Abfahrt Neumünster-Süd, dann Abfahrt Altonaer Straße Richtung Neumünster Innenstadt, an der 3. Ampel links nach Padenstedt-Dorf, bis zum Feuerwehr-Gerätehaus

Mit dem Bus
Linie 12 bis Haltestelle „Padenstedt Meierei“

Mit der Bahn
Bahnhof Neumünster,
weiter mit dem Bus Linie 12 bis Haltestelle „Padenstedt Meierei“

Extras

- Barockgarten am Café
- Spielecke, Streichelgehege
- Musikalische Veranstaltungen
- Leseabende
- Grünkohlessen
- Weihnachtsbaumverkauf im Dezember
- Standesamtliche Trauungen
- Veranstaltungen bis zu 50 Personen

Sehenswertes in der Umgebung

- Naturkundemuseum im Ort (für Gruppen)
- Pony Park Padenstedt
- Naturpark Aukrug
- Badeseen Forellensee, Bordesholmer See, Einfelder See
- Textilmuseum Neumünster
- Radwanderweg „Ochsenweg“

Übernachtungsmöglichkeit in der Umgebung

Dorothea Schnoor
Poststraße 18
24634 Padenstedt
Tel. 0 43 21-825 03

7 Hofcafé und Hofladen Hof Weide

Adresse
Weide 7 – 9
24576 Bimöhlen
Tel. 0 43 27-14 19 17
Fax. 0 43 27-14 19 29

E-Mail:
hardebek@t-online.de
www.weide-hardebek.de

Öffnungszeiten
April bis Oktober
Fr. 14 – 18 Uhr,
Sa., So. und an Feiertagen
10 – 18 Uhr
Gruppen ganzjährig nach Absprache

Plätze
40 Caféplätze
30 Außenplätze

Willkommen im Holsteiner Auenland, der „grünen Mitte Holsteins", wo weite Wiesen, urige Wälder und Auenlandschaften zum Radeln, Spazierengehen, Kanufahren oder Reiten einladen. Zur Ruhe kommen, die Natur genießen – hier findet man die Erholung direkt vor der Haustür, jenseits ausgetretener Pfade. Wasserratten zieht es zum Paddeltörn auf die Stör und ihre Nebenflüsse. Familien finden im Wildpark Eekholt oder dem Erlebniswald Trappenkamp ideale Ausflugsziele: Greifvögel oder Wolfsfütterung hautnah erleben, Anfassen, Fühlen, Riechen, Schmecken – mit allen Sinnen die Natur entdecken. Wenig befahrene Wirtschaftswege und die beiden Radfernwanderwege „Ochsenweg" und „Mönchsweg", die sich in der Region zweimal kreuzen, sind ein wahres Paradies für Radfahrer aller Altersgruppen. Pferdefreunden bietet das Auenland ein insgesamt 600 Kilometer umfassendes, abwechslungsreiches Reitwegenetz sowohl für Tagestouren als auch für längere Wanderritte, natürlich mit zahlreichen reiterfreundlichen Unterkünften.

Hofcafé und Hofladen Hof Weide

So viel „aktive Erholung“ macht hungrig! Wie gut, dass ab April, pünktlich zu Beginn der Ausflugssaison, und bis in den Oktober hinein das idyllisch gelegene Café auf dem Areal der Hofgemeinschaft in Hof Weide wieder geöffnet hat, wo sich die Gäste mit leckeren Kuchen und Torten aus der hofeigenen Bäckerei oder herzhaften saisonalen Leckereien aus der Region verwöhnen lassen dürfen. Hof Weide ist Teil der Hofgemeinschaft Weide-Hardebek, in der Menschen mit und ohne Betreuungsbedarf zusammen leben und arbeiten. Die Hofanlage besteht unter anderem aus dem alten Gutshaus, einem schönen historischen Backsteingebäude, der Bäckerei, dem Wohnhaus, einem Gewächshaus und den angrenzenden Hauskoppeln, auf denen Dexter und Hinterwäldler zu Hause sind – seltene, im Bestand gefährdete Rinderrassen. Die Weidetiere tragen zur Landschaftspflege bei; ihr Mist ist Grundlage für die organische Düngung der Felder. Auf der großzügigen Gartenterrasse kann man herrlich entspannen und den wunderschönen Weitblick in das naturbelassene Osterautal genießen.

Wer den „Geschmack der Natur“ mit nach Hause nehmen möchte, findet im integrierten Hofladen eine reiche Auswahl an biologisch-dynamisch erzeugten Produkten, von Obst, Gemüse und Brot bis hin zu Fleisch- und Wurstspezialitäten, zum Beispiel dem berühmten „Hardebeker Landschinken“, der weit über die Grenzen des kleinen Ortes hinaus bekannt ist.

Anfahrt

Mit dem Auto
Von der B206 in Richtung Hof Weide/Wildpark Eekholt

Mit dem Fahrrad
Ab Bahnhof Großenaspe 4 km Richtung Wildpark Eekholt

Extras
- Demeter-Café, hofeigene Produkte und Spezialitäten
- Hofladen
- Veranstaltungen
- Spielplatz
- Stallbesichtigung in Begleitung

Sehenswertes in der Umgebung
- Segeberger Forst, Moor-, Wald- und Auenlandschaft zum Radfahren, Wandern und Kanufahren
- Wildpark Eekholt
- Bad Segeberg mit Kalkberghöhlen, Karl-May-Festspielen, Noctalis – Welt der Fledermäuse
- Rad- und Wanderweg „Mönchsweg“

8 Landhaus Saggau

Adresse
Dreiüm 29
25479 Ellerau
Tel. 0 41 06-62 59 83
Fax. 0 41 06-7 85 42

E-Mail:
info@landhaussaggau.de
www.landhaussaggau.de

Öffnungszeiten
Mi. - So. 8.30 - 12.30 Uhr und
14 - 19 Uhr
Ruhetage: Mo. - Di.
Für Hotelgäste durchgehend geöffnet

Plätze
150 Caféplätze
100 Außenplätze

Kirschkuppeltorte, Apfel-Sahne-Eierlikör-, Rhabarber-Joghurt- oder Zimtpflaumentorte – wer vom Landhaus Saggau in Ellerau spricht, hat sofort die verführerische Auswahl des Kuchenbuffets und die Größe der leckeren Tortenstücke vor Augen, die anderswo leicht als doppelte Portion gelten würden. Wer gleich mehrere der hausgemachten Spezialitäten probieren möchte, muss eben teilen – oder sich die Lieblingstorte gleich zum nächsten Geburtstag wünschen: Alle Kuchen und Torten des Hofcafés werden direkt vom Buffet auch außer Haus verkauft und für besondere Anlässe auf Bestellung zubereitet. Das Schöne ist, dass man die „kleinen Sünden" bei einer Wanderung oder einer Radtour durch die idyllische Gegend rund um Ellerau gleich wiedergutmachen kann. Wie der Ortsname Ellerau, „Fluss bei den Erlen", schon andeutet, bestimmen zahlreiche Bäche und Erlengehölze das Bild dieser Landschaft. Auf den sich zwischen Wiesen, Weiden, schönen alten Höfen und immer wieder Pferdekoppeln dahinschlän-

gelnden Wegen hat man schnell den Trubel und den Alltag der nahen Großstadt hinter sich gelassen. Wie wäre es mit einem Kurzurlaub vor den Toren Hamburgs? Warum nicht einmal auf einer Radtour den ältesten Fernweg Schleswig-Holsteins erkunden, der direkt am Landhaus Saggau vorbeiführt? Der historische Alte Ochsenweg verläuft, von Wedel ausgehend, mit einer westlichen und einer östlichen Route über Rendsburg bis nach Schleswig und Flensburg, und von dort unter anderem Namen sogar weiter bis nach Viborg in Dänemark. Auf den Spuren von Ochsentreibern, Wikingern und Pilgern radelt man fernab belebter Straßen und genießt die Stille und Schönheit der Natur. Abends lässt man den Tag im schönen Cafégarten des Landhauses ausklingen – und freut sich schon auf das leckere Frühstück, mit dem man am nächsten Morgen verwöhnt wird. „Auf dem Lande – mitten im Leben", lautet das Motto des um 1900 gegründeten Hofes, der 2006 zum Hotel und Hofcafé aus- und umgebaut wurde. Die großzügigen hellen Räumlichkeiten in den ehemaligen Stallungen bieten viel Platz für Veranstaltungen und Familienfeiern – zum süßen Abschluss gibt es natürlich eine der legendären Torten, die bei besonderen Anlässen gern auch mal zwei- bis dreistöckig sein dürfen.

Anfahrt

Mit dem Auto
A7 Abfahrt Quickborn
Richtung Ellerau
B4 Alveslohe Richtung Ellerau

Mit der Bahn
AKN-Bahnstation Tanneneck/
Ellerau, von dort 20 Minuten
zu Fuß

Extras

- Veranstaltungen und Feierlichkeiten jeglicher Art bis zu 120 Personen
- Seminare, Tagungen
- Rad- und Wanderwege, „Alter Ochsenweg"

Übernachtung

- 6 Einzelzimmer
- 11 Doppelzimmer
- 1 Ferienwohnung

Sehenswertes in der Umgebung

- Arboretum Ellerhoop
- Karl-May-Festspiele, Kalkberg, Noctalis – Welt der Fledermäuse
- Radwanderweg „Alter Ochsenweg"
- Golfanlage Gut Kaden in Alveslohe
- Holstentherme Kaltenkirchen
- Arriba-Erlebnisbad Norderstedt

9 Landcafé Bocksrüde

Hof Bocksrüde

Adresse
Bocksrüde 1
24398 Winnemark
Tel. 0 46 44-9 66 90
Fax. 0 46 44-10 51

E-Mail:
info@bocksruede.de
www.bocksruede.de

Öffnungszeiten
Mitte März bis Mitte November:
täglich 14 – 19 Uhr
Januar bis Mitte März:
Sa. und So. 14 – 18 Uhr

Plätze
60 Caféplätze
100 Außenplätze

Die malerische, sanft hügelige Knicklandschaft der Halbinsel Schwansen zwischen Schlei und Eckernförder Bucht, dort wo auch der „Landarzt“ zu Hause ist, entdeckt man am besten auf Nebenstraßen und Radwegen. Direkt am Radweg zwischen Winnemark und Thumby versteckt sich der über 200 Jahre alte Dreiseithof Bocksrüde – ein kleines Paradies, an dem man auf keinen Fall vorbeifahren sollte. Der alte Bauerngarten verwandelt sich im Sommer in ein buntes Blütenmeer. Unser Familienbetrieb besteht aus Landwirtschaft, Ferienwohnungen, einem Landcafé und Reitpferden. Geführt wird der Betrieb von Christian und Esther Siemes, die von Christians Eltern noch tatkräftig unterstützt werden. Mit unseren Kindern sind wir inzwischen 3 Generationen auf dem Hof. In unserem Café gibt es traumhafte Torten und Kuchen nach eigenen Rezepten und, je nach Jahreszeit, mit Früchten aus eigenem Anbau, im Sommer bis zu 50 Torten in der Woche. Während die Erwachsenen auf der Sonnenterrasse die romantische ländliche Atmosphäre genießen, an aromatischen Kräutern oder duftenden Rosen schnuppern, erkunden die Kinder das weit-

räumige Hofgelände, wo neben den Familienhunden auch Minischweine, Hühner, Enten, Kaninchen, Schafe, Ziegen und Esel anzutreffen sind. Und wenn es im Oktober wieder „Herbstzeit ist Kürbiszeit!" heißt, steht auch die Speisekarte im Landcafé ganz im Zeichen dieses alten, überraschend vielseitigen Gemüses: Neben der klassischen Kürbissuppe kann man dann auch Kürbismarmelade, Kürbisbrot oder Kürbiskuchen probieren. Wer bei der gastfreundlichen Familie Siemes gern etwas länger verweilen möchte, quartiert sich in einer der gemütlichen Ferienwohnungen im historischen Haupthaus oder auf dem umgebauten ehemaligen Strohboden ein.

Auch große und kleine Pferdefreunde kommen auf ihre Kosten. In 2011 haben wir den Neubau unserer Reithalle mit Stall fertiggestellt. Direkt vom Hof kann das weitläufige Reitwegenetz Schwansen genutzt werden. Heu und Hafer für die Tiere stammen selbstverständlich aus eigenem Anbau.

Sehenswertes in der Umgebung

- Halbinsel Schwansen zwischen Schlei und Ostsee
- Flächendenkmal Sieseby
- Schleswig, Wikingermuseum Haithabu, Schloss Gottorf/ Barockgarten
- Kappeln
- Ostsee-Info-Center und Bonbonkocherei in Eckernförde
- Tolk-Schau-Freizeitpark

Anfahrt

Mit dem Auto
Von Eckernförde aus auf der B203 bis zur Abfahrt Vogelsang-Grünholz.
Dort fahren Sie in Richtung Thumby nach rechts unter der B203 hindurch.
In Thumby halten Sie sich rechts in Richtung Winnemark.
Nach einer scharfen Rechtskurve in Sensby liegt Bocksrüde auf der rechten Seite.

Von Kappeln aus auf der B203 bis zur Abfahrt Winnemark, links in Richtung Winnemark.
Ganz durch Winnemark, Richtung Thumby,
2. Hofstelle auf der linken Seite.

Mit dem Fahrrad
Zwischen Winnemark und Thumby direkt am Radweg

Übernachtung

12 Ferienwohnungen für 2 bis 8 Personen, auf Wunsch Frühstück oder Halbpension
Insgesamt 60 Betten

Extras

- Hausgemachte Marmeladen, Gelees und Liköre aus eigener Ernte
- Hoffeste
- Feierlichkeiten jeglicher Art für bis zu 60 Personen
- Strohspielscheune, Streichelgehege, Spielplatz, Kinderfuhrpark
- Ponyreiten, Reithalle, Reitwegenetz, Reitstall mit Gastpferdeboxen

Öffnungszeiten
Hofcafé
Juli bis September:
tägl. 10 - 18 Uhr
Weihnachtsmarkt vom
1. bis 3. Advent:
tägl. 11 - 18 Uhr

Plätze
350 Caféplätze

Anfahrt
Mit dem Auto
Aus Richtung Süden A7 bis Ausfahrt Großenaspe/Plön, B430 bis Bornhöved, dort links ab bis Schmalensee, dort rechts nach Stocksee

Mit der Bahn
Bahnhof Neumünster,
Bahnhof Segeberg,
Bahnhof Ascheberg

Extras
- Gartenmesse „Park & Garden" (Anfang Juni)
- Verkauf frisch gepflückter Himbeeren und Kirschen
- Kirschen zum Selbstpflücken
- Festwochenende im Rahmen des Schleswig-Holstein Musik Festivals
- Bauernmarkt
- Weihnachtsmarkt
- Verkauf von Weihnachtsbäumen
- Besondere Angebote für Firmenausflüge

Sehenswertes in der Umgebung
- Plön mit Plöner Schloss und Plöner See
- Bad Segeberg mit Karl-May-Festspielen, Kalkberghöhlen und Noctalis – Welt der Fledermäuse
- Kiel
- Eutin

10 Gut Stockseehof

Im Herzen der Holsteinischen Schweiz ist der ehemalige Besitz der Herzöge von Holstein-Plön inmitten von Obstplantagen heute der Inbegriff ländlicher Kultur und Gastlichkeit. Und immer einen Besuch wert: im Frühling, wenn 36000 Kirschbäume das Anwesen mit dem klassizistischen Herrenhaus in ein weißes Blütenmeer verwandeln, im Frühsommer zur Messe „Park & Garden" und im Juli und August, wenn Himbeeren und Kirschen reif sind und (selbst) geerntet werden und das Gut ein Wochenende lang zu einem Veranstaltungsort des Schleswig-Holstein Musik Festivals wird.
Der Bauernmarkt lockt während der Erntezeit mit Brot aus der Gutsbäckerei, köstlichen Marmeladen, Fleisch und Milchprodukten. Der traditionelle Weihnachtsmarkt auf dem festlich dekorierten Gutsgelände bietet mit seinen 120 Ausstellern von A wie Antiquitäten bis Z wie Zimtsternen alles, was man sich zur Einstimmung auf das Weihnachtsfest wünscht. Auch Weihnachtsbäume lassen sich hier erwerben – frisch geschlagen und in allen Arten und Größen. Doch egal, zu welcher Jahreszeit und welchem Event Sie Gut Stockseehof besuchen, auf keinen Fall versäumen sollten Sie einen Besuch im Café, in dem Sie mit Kuchen und Torten (Spezialität: Kirsch- und Himbeertorte) direkt aus der Gutsküche verwöhnt werden.

Adresse
Gut Stockseehof
24326 Stocksee
Tel. 0 45 26-83 39
Fax 0 45 26-30 97 15
E-Mail: GVS@stockseehof.de
www.stockseehof.de

Plön, Ostholstein und Lübeck

Region 5

1 Altes Probsteier Café

98

Dorfstraße 50 · 24253 Probsteierhagen
Tel./Fax 0 43 48-79 99

2 Brooks Café Achter de Mur

100

Achter de Mur 2 · 23715 Bosau
Tel. 0 45 27-2 02 · Fax 0 45 27-18 77

3 Bauernstübchen

102

Hof Radlandsichten · 23714 Malente
Tel. 0 45 23-16 22 · Fax 0 45 23-75 89

4 Klausdorfer Hofcafé

104

Dorfstraße 30 · 23769 Fehmarn
Tel. 0 43 71-87 97 84 · Fax. 0 43 71 8 75 92

5 Landgasthof Kasch Ulmenhof

106

Dorfstraße 60 · 23714 Timmdorf-Bad Malente
Tel. 0 45 23-33 83 · Fax 0 45 23-15 45

6 Café zum Ziegelhof

108

Ziegelhof · 23743 Grömitz
Tel. 0 45 62-22 33 10
Fax 0 45 62-2 23 31 29

7 Gut Görtz

110

23777 Heringsdorf
Tel. 0 46 35-2 12 · Fax 0 46 35-10 04

8 Genueser Schiff

112

Seestraße 18 · 24321 Hohwacht
Tel. 0 43 81-75 33 · Fax 0 43 81-58 02

Teiche und Seen prägen das Bild der Holsteinischen Schweiz.

Was die Schweiz mit Holstein zu tun haben soll, mag manchem Ortsfremden schleierhaft sein. Insider jedoch wissen, dass bereits um 1900 ein pfiffiger Eutiner Hotelbesitzer die Werbetrommel für seinen Gasthof rührte, indem er ihn „Hotel Holsteinische Schweiz" taufte – und so der Gegend zwischen Kieler Förde und Lübecker Bucht ihren Namen gab. Mit seiner Anmaßung lag der Hotelier nicht ganz verkehrt, schließlich liegt immerhin ein Berg in dieser Region: der Bungsberg, mit seinen 168 Metern die höchste Erhebung Schleswig-Holsteins. Auf ihm erleichtert übrigens der nördlichste Schlepplift Deutschlands Skifahrern den Aufstieg – sofern es einmal ausreichend schneien sollte. Auf dem Gipfel steht neben einem alten Granitturm auch ein moderner Fernsehturm, von dessen Aussichtsplattform in 40 Meter Höhe man einen wunderbaren Blick auf die Landschaft genießt: Unzählige Seen liegen einem zu Füßen, dazwischen dichte Wälder und hügelige Felder.

Heute ist die Holsteinische Schweiz einer der größten Touristenmagneten im Norden. Wer hier seine Ferien verbringt, kommt vor allem zum Wandern, Radfahren, Reiten, Baden in einem der mehr als 200 großen und kleinen Seen oder aber zum Angeln, Surfen oder Segeln.

Doch auch die schmucken Städtchen im Zentrum der Holsteinischen Schweiz, Plön, Eutin und Bad Malente, lohnen einen Besuch. Hier begegnet Besuchern überall der typische rote Backstein. Attraktion in der einstigen herzoglichen Residenz Plön ist das Schloss, dazu natürlich der Große Plöner See, übrigens auch Ausgangspunkt der großen Fünf-Seen-Fahrt, auf der man die Gegend vom Wasser aus erkundet. In Bad Malente stößt man auf Kurgäste – Pfarrer Sebastian Kneipp lässt grüßen. Und in der Rosen-

Eingebettet zwischen dem Großen und Kleinen Eutiner See: die „Rosenstadt".

stadt Eutin wartet auch schon das nächste Schloss, ein Barockbau mit hübschem Schlossgarten.
Die Ostsee ist nur einen Katzensprung entfernt. Begibt man sich von der Holsteinischen Schweiz aus nach Nordosten, so besticht die Küste zwischen Kiel und Hohwacht durch ihre Vielfältigkeit: Steilküste und sandige Abschnitte wechseln sich ab, kleine Orte östlich der Kieler Förde lassen mit so blumigen Namen wie „Brasilien" oder „Kalifornien" Traumstrände erwarten.
Das Hinterland besticht durch sanfte Hügel, viel Grün und lange Alleen. Probstei heißt dieser Landstrich, in dem die vielen stattlichen Herrenhäuser ins Auge fallen. Im Gegensatz zu den meisten privaten Landsitzen, die man nicht besichtigen kann, ist ein Besuch in Schloss Salzau möglich, da es Landeseigentum ist. Der weiße spätklassizistische Bau am Selenter See bietet

Beherbergt heute ein Museum: das Schloss Eutin.

Steilküste zwischen Hohwacht und Sehlendorf: wildromantische Natur.

Mittelpunkt Eutins: der Marktplatz mit der mehr als 750 Jahre alten St. Michaeliskirche.

überdies den perfekten Rahmen für die Konzerte des Schleswig-Holstein Musik Festivals, die hier alljährlich in der Scheune aufgeführt werden.

Einen Besuch wert ist das kleine Städtchen Lütjenburg. Roter Backstein und Fachwerkhäuser bestimmen den kleinen Markt im historischen Zentrum des bereits im 12. Jahrhundert gegründeten Ortes. Zwei Strände in der Hohwachter Bucht seien noch erwähnt, die unterschiedlicher nicht sein könnten: Der Hohwachter Strand, der unmerklich in den Sehlendorfer Strand übergeht, besticht durch seine Naturbelassenheit und das besondere Flair, das ihm das kleine Wäldchen verleiht, das über Teilen des Strandes am Hang wächst.

Natürlich haben auch dieses idyllische Fleckchen Touristen und Surfer für sich entdeckt, trotzdem ist es vergleichsweise ruhig. Am breiten und weitläufigen Weißenhäuser Strand hingegen ist Trubel angesagt. Die riesige Ferienanlage kann vor allem

Mehr als 100 Jahre alt und immer noch funktionstüchtig: der 1903 erbaute Leuchtturm Staberhuk auf Fehmarn.

bei Familien mit Kindern punkten, da sie auch bei schlechtem Wetter für ausreichend Unterhaltung sorgt, wie etwa mit Indoor-Minigolf und einem grandiosen Freizeitbad.

Auch die Insel Fehmarn hat mit ihrem Meereszentrum ein großes Highlight für junge Schleswig-Holstein-Touristen zu bieten: In etlichen Aquarien tummeln sich Tausende Meerestiere aus aller Welt. Beeindruckend sind die Haie, die sogar über die Köpfe der Besucher hinwegschwimmen.

Ansonsten geht es auf der Insel, die sich mit an die 2000 Sonnenstunden im Jahr einen Namen als sonnenreichste Gegend Deutschlands gemacht hat, eher beschaulich zu. Wer nicht gerade die Hauptorte Burg oder Südstrand aufsucht, wird überall ländliche Ruhe genießen können. Radfahrer schätzen die flache Gegend, Surfer den Wind und Naturfreunde die naturbelassenen Strände.

„Lübecks schönste Tochter": das Ostseeheilbad Travemünde – aus der Vogelperspektive.

Und wo kann man schon über eine Brücke auf eine Insel fahren? Hier, auf der Fehmarnsundbrücke, dem Wahrzeichen der Insel. 1963 wurde die 963 Meter lange und knapp 70 Meter hohe Brücke fertiggestellt - und hatte schnell ihren Spitznamen weg: Kleiderbügel. Fantasie und Humor hatten die Einheimischen schon immer bewiesen, nannten sie ihr Eiland doch den „sechsten Kontinent" - mit der Brücke war er endlich an Europa angeschlossen.

Je weiter man sich an der Ostküste Schleswig-Holsteins nun nach Süden begibt, desto belebter wird es. Dass es - ohne klassisches „Nachtleben" - in den nördlicheren Seebädern Dahme, Kellenhusen und Scharbeutz etwas ruhiger zugeht als etwa in Grömitz, Timmendorf oder Travemünde, mag daran liegen, dass der Weg für (junge) Tages- oder Abendausflügler mit Sehnsucht nach dem Meer aus Hamburg oder Lübeck in Letztere näher liegt. Feinsandige Strände, Strandkörbe, Möglichkeiten zum Kitesurfen und Co. sowie beste Infrastruktur finden Besucher in all diesen Traditionsbädern, die sich wie Perlen an der Lübecker Bucht aufreihen - keine Überraschung, denn hierher zieht es Sommerfrischler schon seit rund 200 Jahren. So wundert es nicht, dass auch in dieser Gegend für Kurzweil für Kinder gesorgt ist: mit einem Besuch des kleinen Zoos in Grömitz zum Beispiel, einem Abstecher in die Aquarien des Sea Life Timmendorf oder in den Hansapark Sierksdorf. Und auf dem Museumshof in Lensahn gibt es Landleben pur zu entdecken.

Segeln, (Kite-)Surfen und Co.: Wassersport wird an der Lübecker Bucht großgeschrieben.

Wer genug vom Müßiggang im Strandkorb hat, macht sich auf nach Lübeck. Der historische Stadtkern der Hansestadt wurde 1987 von der UNESCO in die Liste des Weltkulturerbes aufgenommen. Zwar war hier im Zweiten Weltkrieg bei einem Luftangriff rund ein Fünftel der historischen Bauten zerstört worden, doch auch etliche Häuser aus dem 13. bis 15. Jahrhundert blieben unversehrt. Nicht nur Freunde historischer Baukunst sind begeistert von den Kirchen, Stiftshöfen, Bürgerhäusern, Backsteinbauten und schmalen Gängen der Altstadt. Auch Shoppingfans kommen hier auf ihre Kosten: Sie stoßen in den kleinen Gässchen auf immer neue kleine Läden, in denen viel Individuelles und Kunsthandwerk zu entdecken ist. Ein Muss für Besucher auf Sightseeing-Tour sind zudem das Wahrzeichen der Stadt, das Holstentor, in dessen Innern sich ein Museum der Stadtgeschichte verbirgt, sowie die Petrikirche, von deren Turm man einen wunderbaren Ausblick genießt.

Kulturfreunde sollten das Buddenbrookhaus besuchen und Süßschnäbel einmal im Café Niederegger vorbeischauen.

Genug des Städtetrubels, Sightseeings und Shoppens? Wie gut, dass die Ruhe der Holsteinischen Schweiz nur rund eine dreiviertel Autostunde entfernt liegt!

Imposante Segelschiffe liegen in Travemünde vor Anker.

1 Altes Probsteier Café

Adresse
Dorfstraße 50
24253 Probsteierhagen
Tel./Fax 0 43 48-79 99

E-Mail: info@ap-cafe.de
www.ap-cafe.de

Öffnungszeiten
Di.–So. 13.30–18 Uhr
Ruhetag: Mo.
Ganzjährig geöffnet

Plätze
40 Caféplätze
20 Außenplätze

Von wegen kalter Norden – mitten in Schleswig-Holstein wächst ein echter Feigenbaum! Eigentlich sind diese Gewächse vor allem im Mittelmeergebiet heimisch. Doch in wintermilden Regionen können sich die Bäume mit den feinen Früchten durchaus auch wohlfühlen. Und so findet man ein Exemplar sogar in Schleswig-Holstein: in Probsteierhagen.

Der biblische Baum steht im Garten des Alten Probsteier Cafés, in dem zur Erntezeit natürlich vor allem köstliche Naschereien mit Feige hergestellt werden. Haben Sie schon mal eine Feigen-Quark-Torte mit frischen Früchten gekostet? Eine Delikatesse!

Birgit und Stephan Lübcke sind an die verwunderten Blicke der Touristen ob ihres außergewöhnlichen Baumes schon gewöhnt. Seit 1995 betreiben sie schließlich ihr Café. Das Haus steht unter Denkmalschutz und ist eines der ältesten am Ort. Bis 1960 war es ein Gasthof mit Brauerei, Brennerei und Landwirtschaft. Von hier wurden mit Pferd und Wagen das Bier und der Köm (ein heller oder gelber Aquavit) in die ganze Probstei geliefert.

Altes Probsteier Café

Diesen Service bieten die Lübckes zwar nicht mehr, Alkohol finden Sie hier aber immer noch, und zwar in Form ausgesuchter Weine aus Deutschland. Im urigen Gewölbekeller des Hauses, wo früher der Köm angesetzt wurde, werden die exquisiten Spirituosen neben allerlei hausgemachten Produkten verkauft. Marmelade, Essige und Öle aus eigener Herstellung stehen neben Honig aus der Probstei, umrahmt von hübscher Dekoration wie Blumengestecken oder Windspielen.

Oben jedoch, im Café oder auf der Terrasse, können Sie nach Herzenslust schlemmen: Zur Öffnungszeit werden neben hausgemachten Torten auch ein paar herzhafte Sachen angeboten, wie z. B. Tagessuppe, rustikales Schinkenbrot etc. Einen kleinen Köder wollen wir schon mal auswerfen: Buttermilchtorte mit Mandarinen, Stachelbeer-Baiser-Torte oder Mokkabuttercreme-Torte, frisch gebackene Butterwaffeln. Und in den Wintermonaten können Sie sich mit leckeren Bratäpfeln bei Kerzenschein verwöhnen lassen.

Genießen Sie auch in den Wintermonaten bei Kerzenschein, neben dem Tortensortiment einen lecker gefüllten Bratapfel.

Anfahrt

Mit dem Auto

Von der A215 in Richtung Kiel, am Ende der Autobahn der Beschilderung Laboe/ Ostufer folgen und auf der B502 weiter bis Dietrichsdorf; dort nach der Brücke rechts Richtung Schönkirchen, über Muxall nach Probsteierhagen

Mit der Bahn

Hauptbahnhof Kiel, dann weiter mit Bus 200 oder 201 Richtung Schönberger Strand, Ortsmitte Probsteierhagen aussteigen

Extras

- Feigenbaum im Garten
- Uriger Gewölbekeller

Sehenswertes in der Umgebung

- Ehrenmal Laboe
- U-Boot U23
- Schloss Salzau
- Nahe gelegene Ostsee

2 Brooks Café Achter de Mur

Adresse
Achter de Mur 2
23715 Bosau
Tel. 0 45 27-2 02
Fax 0 45 27-18 77

E-Mail: hof-brooks@t-online.de
www.hof-brooks.de

Öffnungszeiten
1. Wochenende im März bis 1. Wochenende im November Di. - So.
12 – 19 Uhr
Ruhetag: Mo.

Plätze
20 Caféplätze
30 Außenplätze

It's tea time! Ein bisschen England ist in Norddeutschland ja immer gegenwärtig – im Bosauer Café Brooks allerdings kann man die englische Teekultur in Reinform erleben. Ab 17 Uhr und nach vorheriger Anmeldung haben Sie die Qual der Wahl zwischen mehr als 30 Teesorten, außerdem gibt's typisch englische Leckereien, stilvoll auf einer dreistöckigen Etagere gereicht, wie frisch gebackene Scones mit hausgemachter Konfitüre, Teegebäck und Früchtekuchen. Die unterste Etage ist mit herzhaften Sandwiches in Dreiecksform belegt.

Sollten Sie sich nichts aus Tee machen, müssen Sie nicht verzagen: Auch das Kaffee- und Schokoladen-Angebot ist reichlich. Neben den klassischen Variationen finden Sie hier auch ausgefallene Spezialitäten. Passend dazu gibt es natürlich selbst gebackenen leckeren Kuchen und fantasievolle Tortenträume.

Die Torten sind Lisa Brooks größte Leidenschaft. Sie liebt es, immer mal wieder etwas Neues zu kreieren, was natürlich besonders die Stammgäste zu schätzen wissen. Das Café, das sie seit 1991 führt, gehört

zum Hof Brooks, der seit 850 Jahren im Familienbesitz ist. Die Idee dazu kam der gelernten Goldschmiedin spontan, als das ehemalige Backhaus, später Deputatarbeiterhaus, in seiner Funktion nicht mehr benötigt wurde. Hier, 200 Meter vom Hof entfernt, versteckt hinter einer hohen Hecke, liegt das Kleinod mit romantischem üppig blühenden Cafégarten.
Nicht nur nachmittags kann man hier hausgemachte Delikatessen genießen: Ab 12 Uhr gibt es bereits einen köstlichen Mittagstisch. Da wäre zum Beispiel der herzhafte Eintopf, das Holsteiner Katenschinkenbrot – oder doch lieber eine vegetarische Gemüse-Quiche?
Nach dem Essen lädt Bosau zu einem Spaziergang ein. Gleich ums Eck befindet sich die Dunkersche Kate, in der oft Ausstellungen sind, auch der öffentliche Bauerngarten daneben ist sehenswert. Weiter auf dem Weg in Richtung Feldsteinkirche kommt man am 150 Jahre alten reetgedeckten Bauernhaus der Familie Brooks vorbei. Hier können die Gäste, die nicht nur für einen Tag in die Holsteinische Schweiz gekommen sind, bei Christel Brooks Urlaub machen. Die großzügigen Ferienwohnungen, der herrliche Bauerngarten und das weitläufige Hof- und Wiesengelände am Plöner See bieten großen und kleinen Urlaubern Spaß und Erholung.
Übrigens gibt es im Café nicht nur Leckereien, sondern auch schöne Geschenkartikel, Wohn- und Gartenaccessoires, Schmuck, Servietten und Tees zu kaufen. Lassen Sie sich inspirieren!

Anfahrt

Mit dem Auto

A1, Abfahrt Eutin, auf der B76 Richtung Eutin, von dort rund 8 km weiter Richtung Plön, kurz hinter Bösdorf links abbiegen und der Beschilderung nach Bosau folgen

Mit der Bahn

Bahnhof Plön oder Eutin, weiter mit dem Bus

Extras

- Große Torten- Kuchenstücke
- auch halbe Stücke möglich
- Mövenpick-Eis
- Englische Teezeit auf Anmeldung

Übernachtung

Ferienwohnungen auf dem Hof

Sehenswertes in der Umgebung

- Vicelin-Kirche St. Petri und Dunkersche Kate in Bosau (Ausstellungen und Bauerngarten)
- Plöner Schloss
- Eutiner Schloss
- Holsteinische Schweiz

3 Bauernstübchen

Adresse
Hof Radlandsichten
23714 Malente
Tel. 0 45 23-16 22
Fax 0 45 23-75 89

E-Mail: info@radlandsichten.de
www.radlandsichten.de

Öffnungszeiten
April bis Oktober
Mo. - Sa. 14 - 18 Uhr,
So. 12 - 18 Uhr
November bis März nur
für Gruppen ab 15 Personen
nach Vereinbarung

Plätze
50 Caféplätze, unbegrenzte
Zahl an Plätzen im Garten

Im malerischen Herzen der Holsteinischen Schweiz, eingebettet in Felder, Wiesen und Wälder, liegt der idyllische Ferienhof Radlandsichten. Hier eröffnete Ingrid Schumacher 1989 als Erste in Schleswig Holstein ein Bauernhofcafé - das Bauernstübchen. In der historischen Arbeiter-Kate kann man seitdem täglich von April bis Oktober selbstgebackene Kuchen und Torten genießen. Der Milchkaffee schmeckt besonders gut unter dem blühenden Apfelbaum im Cafégarten. Eisbecher erfrischen im Sommer nicht nur die „Kleinen“ als Pausensnack beim Toben auf der Hüpfburg ... Nach einem Herbstspaziergang kann man sich bei selbstgemachtem Fruchtpunsch wieder aufwärmen. Der Hunger auf Herzhaftes wird mit selbstgemachter Mettwurst oder einer deftigen Suppe gestillt.

Neben dem Besuch des Bauernstübchens kann man auf Radlandsichten auch Urlaub machen! Verteilt auf Bauernhaus, Arbeiter-Kate und „Altenteil“ finden sich liebevoll gestaltete Ferienwohnungen für 2 - 8 Gäste von 0 - 99 Jahren. Auch im behaglichen Doppelzimmer können Sie übernachten, Land-

Bauernstübchen

frühstück gibt es dann auf der Diele. Hier findet sich auch der Kamin – in dem echte Fans einen Originalschauplatz der Immenhof-Filme mit Heidi Brühl und Horst Janson erkennen.

Der Hofladen bietet viele selbstgemachte Kleinigkeiten, von der Mettwurst über Liköre, verschiedene Senfsorten bis hin zum leckeren „Knickgelee".

Nicht nur für Einzelgäste öffnen sich täglich die Türen, auch Gruppen sind jederzeit herzlich willkommen! Sei es Betriebsfest, Geburtstag oder Seminar, Angebote werden individuell auf Ihre Bedürfnisse zugeschnitten. Ob Ruhesuchende oder Bewegungshungrige, auf Radlandsichten ist für Groß und Klein viel zu entdecken: Angelteich und Baumhaus, Fußballtore, Spielplatz und Bauernhoftiere, Startpunkt für Nordic Walking Touren durch die Holsteinische Schweiz, Hochseilgarten für die ganz Mutigen, Ackergolf und Bogenschießen. Raus aus dem Alltag ...

Anfahrt

Mit dem Auto
A1 bis Ausfahrt Eutin,
B76 Richtung Eutin/Malente,
in Malente Richtung Grebin

Mit der Bahn
Bahnhof Malente

Extras

- Spielplatz, Hüpfkissen Trettrecker, Kettcars, Fußballtore
- Streicheltiere, Uhus, Ponyreiten
- Angelsteg und Baumhaus
- Bogenschießen, Ackergolf und Hochseilgarten auf Anfrage
- Ausrichten von Feiern und Veranstaltungen
- Seminarraum
- Hofladen mit regionalen, handgemachten Produkten

Übernachtung

Direkt auf dem Ferienhof:
6 Doppelzimmer,
4 Ferienwohnungen

Sehenswertes in der Umgebung

- Aussichtsturm Holzberg
- 5-Seen-Fahrt Malente
- Residenzstädtchen Eutin und Plön
- Badeseen, Ostsee
- Holsteinische Schweiz

4 Klausdorfer Hofcafé – „Tiere, Sonne und Meer“

Adresse
Dorfstraße 30
Ortsteil Klausdorf
23769 Fehmarn
Tel. 0 43 71-87 97 84
Fax. 0 43 71-8 75 92

E-Mail:
Bauernhof-Lafrenz@t-online.de
www.Bauernhof-Lafrenz.de

Öffnungszeiten
Ostern bis Ende Oktober
täglich 7 - 18 Uhr
Nachsaison Montagnachmittag geschlossen

Plätze
30 Caféplätze
45 Außenplätze

Einige genießen das frische Lüftchen, das einem auf Fehmarn ständig um die Nase weht, um sich den Kopf freipusten zu lassen. Andere nutzen die steife Brise zum Surfen, Segeln, Kiten oder um Drachen steigen zu lassen. Nur eins ist sicher: Der Wind bläst dunkle Wolken schnell wieder fort und beschert der Ostseeinsel Fehmarn mehr Sonnenstunden als anderen Regionen Deutschlands. Weite und Frische sind die Stichworte, die Fehmarn in jeder Jahreszeit zum idealen Ferienland für Familien und zu einem beliebten Urlaubsziel machen. Nicht nur im Frühjahr, wenn die blühenden Rapsfelder die Insel in leuchtendes Gelb tauchen. Im Sommer lockt der kilometerlange traumhafte Südstrand zum Sonnenbaden, Schwimmen und Wassersport. Oder man bummelt entspannt durch die Inselhauptstadt Burg mit ihrer romantischen Altstadt, den dänisch anmutenden Häuschen und verwinkelten Gassen. Knapp vier

Kilometer nordöstlich von Burg, inmitten weitläufiger Felder und Wiesen und nur einen Kilometer vom naturbelassenen Ostseestrand entfernt, liegt der Ferienhof der Familie Lafrenz in Klausdorf. Hier können Stadtkinder den Alltag auf einem Bauernhof erleben und erfahren, was es bei einer Landwirtschaft mit Raps- und Weizenanbau und Schweinehaltung alles zu tun gibt. Dann wundern sich die Eltern, wenn ihre Kinder gleich nach dem Aufstehen irgendwo auf dem Hof verschwunden sind, schon vor dem Frühstück das erste Ferkel auf dem Arm haben und erforschen, was wohl Ziegen und Zwergschafe am liebsten fressen. Und wenn sie vor lauter Tieren, die es zu versorgen gibt, nicht alles andere vergessen, bringen die Kinder vielleicht sogar frische Brötchen aus dem Hofladen mit. Nach einer Radtour auf flachen, sich gemächlich dahinschlängelnden Wegen oder einem Ausflug zum nahen Naturstrand weht einem am Nachmittag der Duft von frisch gebackenem Kuchen aus dem Hofcafé entgegen. Das Café ist sogar auf Wunsch vieler Gäste und Besucher entstanden. Seitdem gibt es außer dem Hofladen mit seinem leckeren Angebot an hausgemachten Wurst- und Grillspezialitäten, Eiern, Kartoffeln,

saisonalem Gemüse und Obst, Fruchtaufstrichen und Säften das Hofcafé, wo man sich nicht nur mit leckeren Torten und Kuchen verwöhnen lassen kann, sondern auch ein reichhaltiges Frühstück mit hauseigenen Wurstwaren und ausgesuchtem Käse serviert bekommt. Bei schönem Wetter gern auch draußen auf der sonnigen Terrasse – der beste Start in einen entspannten Tag!

Anfahrt

Mit dem Auto
A1 Richtung Puttgarden, nach dem Autobahnende weiter auf der B207 über die Fehmarnsundbrücke; zweite Ausfahrt Richtung Burg abfahren; an der ersten Ampel links in die Gertrudentaler Straße; der Vorfahrtsstraße bis zur Kreuzung folgen, dort links Richtung Niendorf abbiegen; am Ortseingang Niendorf rechts Richtung Klausdorf fahren

Mit der Bahn
Bis Burg/Fehmarn oder Puttgarden, von dort aus ca. 5 Kilometer bis Klausdorf

Extras

- Hofladen mit größtenteils hausgemachten, hofeigenen Produkten: Wurst- und Grillspezialitäten, frische Eier, Rohmilchkäse, Eingemachtes, Fruchtaufstriche, Honig, Obst- und Sanddornsäfte, saisonales Gemüse und Obst
- Streichelgehege, Stallbesichtigung, Ponyreiten
- Große Spielwiese und Spielplatz, Piratenschiff, Tischtennis, Trampolin, Kinderfahrzeuge (Dinocars)
- Radwege

Übernachtung

1 Ferienhaus für 2–6 Personen
1 Ferienhaus für 2–4 Personen
1 Ferienwohnung für 2–3 Personen

Sehenswertes in der Umgebung

- Naturstrand in 1 Kilometer Entfernung
- Fehmarner Südstrand
- Meereszentrum Fehmarn
- Adventure-Golf in Meschendorf
- malerische „Inselhauptstadt" Burg
- Erlebnishafen Burgstaaken
- U-Boot-Museum Puttgarden
- Schiffsausflug von Puttgarden nach Dänemark

5 Landgasthof Kasch „Ulmenhof“

Adresse
Dorfstraße 60
23714 Timmdorf-Bad Malente
Tel. 0 45 23-33 83
Fax 0 45 23-15 45

E-Mail: info@kasch1.de
www.landgasthof-kasch.de

Öffnungszeiten
1. Mai bis 30. September
tägl. durchgehend warme Küche
1. Oktober bis 30. April
Mi. - Fr. warme Küche
12 - 14 und 18 - 21 Uhr,
Sa., So. und feiertags durchgehend warme Küche
Ruhetage 1. Oktober bis 30. April: Mo. und Di.

Plätze
80 Café- und Restaurantplätze
120 Plätze in der Diele
120 Außenplätze

Bikertreffen im Grünen, Tanz mit Live-Musik bis in den Morgen, Hochzeitsfeiern im großen Stil – alles schon dagewesen auf dem Landgasthof Kasch. Mitten in der beschaulichen Holsteinischen Schweiz ist der Hof mit den rührigen Besitzern ansässig. Und das nicht erst seit gestern: Seit 1892 ist der reetgedeckte Landgasthof in Familienbesitz, 1991 übernahmen Anja und Torsten Kasch die Leitung. Eine Lokalität nicht nur für Reisende wollen sie bieten, sondern eben auch für ganz besondere Anlässe.

Der bewirtschaftete Hof ist über einen Stichkanal mit der Schwentine und den fünf Seen verbunden – stellt also einen idealen Ausgangspunkt sowohl für Exkursionen in die umliegende Natur dar als auch für Stippvisiten an die Ostsee oder in die Städte Plön und Eutin. Bei so vielen Möglichkeiten zur Freizeitgestaltung liegt es nahe, ein paar Tage an diesem Ort zu verweilen, nicht sofort weiterzureisen. Die Frage nach einer passenden Übernachtung ist auch schnell gelöst: Zum großen Hof gehören zwei Gästehäuser, die

genügend Raum für müde Reisende bieten.
Sollten Sie Kinder haben, werden Sie diese vermutlich nur selten sehen, zu groß ist das Vergnügungsangebot auf dem Hof: Trampolin, Rutsche, Schaukel, Gokart-Touren über das Anwesen, Streichelgehege - ein Bauernhof zum Anfassen eben! Und für die Erwachsenen, wie wäre es mit einer Kutschfahrt im gemütlichen Landauer mit eigenen Pferden, vorbei an den Seen der Holsteinischen Schweiz? Sie wollen sich lieber selbst bewegen? Dann auf zum hauseigenen Bootssteg, wo Sie Kanus ausleihen oder zu einer Angeltour aufbrechen können - wohl wissend, dass danach auf dem Hof das Café-Restaurant mit fürstlichen Speisen auf Sie wartet. Schlemmen ohne Grenzen: Fisch aus den umliegenden Seen oder Galloway-Fleisch aus eigener Zucht.

Wie wäre es etwa mit Schollenfilet in Eihülle gebacken mit geschmolzenen Tomaten und Champignons?
Es geht aber auch rustikaler mit Holzfällersteak vom Schwein mit geschmolzener Preiselbeer-Honigbutter.
Für den süßen Genuss ist in Form von leckeren Kuchen und Torten ebenfalls gesorgt. Nach all den sündigen Köstlichkeiten ist ein kleiner Verdauungsspaziergang inmitten der friedlichen Landschaft der ideale Ausklang für einen gelungenen Tag.

Anfahrt

Mit dem Auto
A1, Abfahrt Eutin, B76 hinter Eutin in Bösdorf rechts ab nach Malente, in Malente links ab nach Timmdorf

Mit der Bahn
Bahnhof Bad Malente-Gremsmühlen

Mit dem Schiff
Fünf-Seen-Fahrt ab Malente oder Plön

Extras
- Kutschfahrten (kostet extra)
- Kanuverleih (kostet extra)
- Spielplatz
- Gokarts
- Streichelgehege
- Kuchensonntag: Kuchen satt plus Tee/Kaffee für 7 Euro
- Forellenfreitag: jedes Forellengericht 11 Euro

Übernachtung
Direkt auf dem Ulmenhof:
2 Gästehäuser, 2 Ferienwohnungen, 12 Doppelzimmer

Sehenswertes in der Umgebung
- Ostholstein-Museum, Eutin
- Eutiner Freilichtspiele
- Karl-May-Festspiele Bad Segeberg
- Fünf-Seen-Fahrt ab Plön oder Malente
- Paddeln zwischen Eutin und Kiel auf der Schwentine
- Baden im Behler See
- Ostseestrand (30 Autominuten)
- Hansapark Sierksdorf

6 Café zum Ziegelhof

Adresse
Ziegelhof
23743 Grömitz
Tel. 0 45 62-22 33 10
Fax 0 45 62-2 23 31 29

E-Mail:
info@hof-mougin.de
www.hof-mougin.de

Öffnungszeiten
April bis Oktober
tägl. 14 - 18 Uhr
November bis März eingeschränkte Öffnungszeiten

Plätze
130 Caféplätze
55 Außenplätze

Der Weg zum Kaffeeglück führt auf dem Ziegelhof durch die große Diele, heute Eingangsbereich von Café und Hofladen, früher Mittelpunkt des Wirtschaftsgebäudes, in dem die Erntewagen einfuhren und entladen wurden. Die große Erntekrone steht sinnbildlich für Mühe, Arbeit, Lohn und Dankbarkeit der Menschen, die auf dem Bauernhof leb(t)en und arbeite(te)n.
Doch keine Angst, Gäste müssen auf dem Weg zu den stilvoll mit altem Mobiliar ausgestatteten Caféräumen nicht zu Heugabel oder Dreschflegel greifen. Sie dürfen gleich an einem der liebevoll mit altem Silber und Blumen aus dem Bauerngarten eingedeckten Tische Platz nehmen - in der kalten Jahreszeit vor einem gemütlich knisternden Kaminfeuer, bei Sonnenschein auch draußen.
Und dann heißt es die Wahl treffen zwischen den verschiedenen Kuchen und Torten, die je nach Jahreszeit und Kreativität in unterschiedlichen Varianten in der Kuchentheke aufgereiht werden. Verarbeitet wird stets, was Hof und Feld gerade hergeben, angefangen mit verschiedenen Erdbeertorten im Frühsommer

über altbewährte und neu erdachte Kreationen mit Himbeeren, Kirschen, Stachelbeeren bis zu Selbstgebackenem mit Zwetschgen, Äpfeln oder Birnen im Herbst, manchmal auch variiert mit Mohn oder Marzipan. In der Weihnachtszeit gibt es zu Kaffee oder Tee leckere Plätzchen und feines Gebäck. Höhepunkte der Backkunst bilden jedoch die traditionellen Festtagstorten wie Schichttorte, Alianentorte oder Fürst-Pückler-Torte, die seit Generationen die Kaffeetafeln bei Taufen, Konfirmationen und Hochzeiten krönen. Vielleicht auch Ihre, sofern Sie bei nächster Gelegenheit sich und Ihre Gäste (mindestens zehn, höchstens 100) in den Ziegelhof laden.
Wer's lieber deftig statt süß mag, findet auf der kleinen Karte auch frisches Landbrot aus der Hofbackstube mit Käse, Katenmettwurst oder -rauchschinken. Zur Spargelzeit im Mai und Juni sollten Sie sich das Vier-Gänge-Spargelmenü nicht entgehen lassen. Aufgetragen wird dieses donnerstags und samstags ab 19 Uhr, jedoch nur für angemeldete Gäste. Die köstlichen weißen Stangen können Sie auch im Hofladen erwerben, wo Sie sich je nach Saison auch noch mit anderen frisch geernteten Erzeugnissen des Ziegelhofs eindecken können.

Anfahrt

Mit dem Auto
A1 bis Ausfahrt Neustadt-Pelzerhaken, dann B501 Richtung Grömitz, der Ziegelhof liegt direkt an der B501

Mit der Bahn
Bahnhof Neustadt i. H., von dort Bus Richtung Dahme/Grube/Oldenburg (Haltestelle direkt vor dem Ziegelhof)

Mit dem Fahrrad
Von Neustadt i. H. über Grömitz entlang der B501

Extras
- Hofladen mit frischen Produkten wie Eier, Wurst und Käse, aber auch Taschen, Porzellan und Bilder
- Mai und Juni Vier-Gänge-Spargelmenü
- Ausrichtung von (Familien-)Feiern

Übernachtung
3 Ferienwohnungen

Sehenswertes in der Umgebung
- Ostsee
- Grömitz
- Kloster Cismar
- Insel Fehmarn
- Lübeck, Eutin

7 Gut Görtz

Adresse
23777 Heringsdorf
Tel. 0 46 35-2 12
Fax 0 46 35-10 04

E-Mail: gut.goertz@gmx.de
www.gut-goertz.de

Öffnungszeiten
Ostern bis Erntedankfest (Mitte Oktober)
Di. - So. 11 - 18 Uhr
Ruhetag: Mo.

Plätze
Café: 60 Innenplätze (für Gruppen zusätzlich 55 Plätze auf dem Boden)
50 Außenplätze

Im Mai, wenn der Raps in voller Blüte steht, könnte man meinen, dass das satte Gelb der Pflanzen nirgendwo sonst auf der Welt so zur Geltung kommt wie auf Gut Görtz mit seinen angrenzenden Feldern. Gut Görtz bei Heringsdorf in Holstein in unmittelbarer Nähe der Sonneninsel Fehmarn ist übrigens eine der wenigen noch erhaltenen historischen Gutsanlagen Holsteins, deren Geschichte fast 750 Jahre zurückreicht und 1263 zum ersten Mal urkundlich erwähnt wurde. Im Gegensatz zur damaligen Zeit wird heute jedoch ausschließlich Ackerbau betrieben. Bedenkt man dabei, dass immerhin 400 Hektar unter dem Pflug stehen, bedarf es keiner weiteren Worte, um das Ausmaß des gelb leuchtenden Meeres und seines süßen Duftes zu beschreiben.

Doch nicht nur im Wonnemonat und zur Rapsblütezeit ist Gut Görtz eine Reise wert. Die ehemaligen Stallungen, historische Zeugen einstiger Viehwirtschaft, wurden aufwendig saniert und stehen jeweils von Anfang April bis zum Erntedankfest Künstlern, Kunsthandwerkern und Ausstellern zur Verfügung. Jedes Jahr locken die

Ausstellungen viele Besucher aus nah und fern und verzaubern Gut Görtz in einen Erlebnishof für die ganze Familie.
Betritt man die Gutsanlage durch das Torhaus, fällt der erste Blick unweigerlich auf die charmante Ansiedlung der Stallungen und Scheunen sowie das Herrenhaus im neugotischen Stil. Eine ausladende Linde verspricht zudem, dass sich dahinter ein geheimnisvoller Park befinden muss, mit altem Baumbestand, tausend Blumen und wilden Wiesen. Im Torhaus selbst befindet sich eine Pfeifenwerkstatt.
Der ehemalige Pferdestall ist das älteste noch erhaltene Gebäude des Hofes. Neben dem Gutsladen präsentiert sich hier ein ständiges Angebot verschiedener Kunsthandwerker und Aussteller.
Im einstigen Jungviehstall duftet es dagegen nach herrlichen Leckereien. Hier befindet sich das Café des Hofes. Seit jeher werden die einladenden Kuchen, Torten und knusprigen Brote in der Gutsküche des Herrenhauses nach alten Hausrezepten hergestellt. Man sieht es, man riecht es und man schmeckt es. An den Sonntagen bittet das Team des Cafés schon früh zu Tisch und lädt zum Gutsherrnfrühstück – ein Gaumenschmaus, den man nicht verpassen sollte. Eine Voranmeldung ist allerdings erwünscht.

Aber auch im ehemaligen Kuhstall findet man heute eine abwechslungsreiche Ausstellung kreativen Schaffens und das Atelier des Hofmalers Peter Paustian.
Auch da, wo einst die Kälbchen spielten, lockt heute die Gutsküche „Alter Kälberstall“ mit leckeren Speisen und Getränken. Die Alte Meierei dient dagegen als Wohnhaus und Galerie mit Malerworkshops und Gastkünstlern. Zur Freude vieler großer und kleiner Kinder beherbergt der Keller eine riesige Carrerabahn.
In der zum Hof hin gewandten Seite der großen Kornscheune sind mehrere Läden untergebracht. So findet man dort eine Bernsteinschleiferei, einen Drechsler, Wohn- und Gartenaccessoires, Pflanzen, Bioweine, eine Seidenmalerin, Kunstkeramik und Traumbäume.
Kinder sind auf dem Gutshof übrigens sehr gern gesehene Gäste. Und so wird dort alles getan, damit sich die Kleinen rundherum wohlfühlen. Schaukeln, Rutschbahn und Kletterturm sind so selbstverständlich wie die riesige Sandkiste in Sichtweite des Cafés und die kostenfreie Nutzung der Kettcars. Ab und an kommt auch der Hofhund vorbei, die Pfauen, Ente, Gans und Gänserich. Langeweile hat hier also keine Chance.

Anfahrt

Mit dem Auto

A1 bis Ausfahrt Oldenburg i. H., dann Richtung Heringsdorf, dann B501 (Bäderstraße) bis Gut Görtz (zwischen Heiligenhafen und Grömitz)

Mit der Bahn

Bahnhof Oldenburg i. H., dann per Anrufbus (Tel. 0 43 62-9 05 25)

Extras

- Altes Gut mit vielen Kunsthandwerksläden, dort werden auch verschiedene Kurse angeboten

Sehenswertes in der Umgebung

- Ostsee (ca. 8 km)
- Grömitz mit Freizeitbad Grömitzer Welle
- Kloster Cismar

Adresse
Seestraße 18
24321 Hohwacht
Tel. 0 43 81-75 33
Fax 0 43 81-58 02
E-Mail:
hotel@genueser-schiff.de
www.genueser-schiff.de

Sehenswertes in der Umgebung

- Ostsee
- Segel- und Surfschule in der Region
- Ostseeküsten-Radwanderweg (führt auf dem Deich zwischen Hotel und Landhaus vorbei)
- Hochseilparcours in den Wäldern von Hohwacht
- Golfplatz mit Golfodrom (Hotelgäste haben eine Green-Fee-Ermäßigung)
- Fehmarn
- Kiel
- Lübeck
- Landes- und Freilicht-museum Molfsee

8 Strandkorb-Café im Hotel Genueser Schiff

Trotz steifer Brise gemütlich draußen an der frischen Luft Kaffee und Kuchen genießen? Und das noch mit Blick auf die Ostsee und dem Rauschen der Wellen im Ohr?
Das Café des Hotels Genueser Schiff macht's möglich: Hier nehmen die Gäste in Strandkörben Platz. Kuschelig in Fleecedecken gehüllt und bestens vor rauen Böen geschützt, genießt man beim gemütlichen Frühstück besondere, nach alten Traditionsrezepten gekochte Marmeladen. Später gibt es dann hausgemachten Kuchen oder klassische zeitgemäße Köstlichkeiten aus der Bistro-Küche. Gekocht wird mit frischen regionalen Produkten aus naturnahem Anbau. Fangfrische Fische kommen vom nahen Hafen. Wer vom entspannenden Strandkorbleben nicht genug bekommen kann, hat die Möglichkeit, einen „Traumkorb" zu buchen, zum Beispiel von 10 bis 18 Uhr, unter anderem inklusive Frühstück, Mittagsmenü und Sundowner. Oder Sie bleiben über Nacht: in Zimmern und

Appartements direkt im reetgedeckten „Ausschlaf-Hotel“ oder jenseits des Deiches im charmanten Landhaus.
Um 1900 zählte das Fischerdorf Hohwacht ganze neun Häuser und immerhin 70 Sommergäste, darunter auch den expressionistischen Maler Karl Schmitt-Rottluff, der diese ersten Anzeichen von „Massentourismus“ kritisch beobachtete. Dank eines weitsichtigen Beschlusses des Gemeindevertretung dürfen Häuser in Hohwacht nicht höher sein als die Wipfel der Bäume. Dadurch ist der Ort vom Bauboom der 1960er und 1970er Jahre verschont geblieben und konnte sich den Charme eines Fischerdörfchens bis heute bewahren. Umgeben von idyllischen Naturschutzgebieten, der bewaldeten Steilküste und einem mehr als zwei Kilometer langen hellen Sandstrand bietet die Hohwachter Bucht zu jeder Jahreszeit Erholung pur, immer mit einem traumhaften Blick über die Ostsee – besonders schön zu genießen an und im Strandkorb-Café in Sichtweite des kleinen Yacht- und Fischereihafens Lippe.

Öffnungszeiten
Mi. - Mo. ab 10 Uhr, warme Speisen 12.30 - 20.30 Uhr (von November bis Februar bis 22.30 Uhr)
Ruhetage der Gastronomie:
März bis September: Di.
Oktober: Di. und Mi.
November bis Februar: Mo. - Do.
(von Weihnachten über Silvester und bei Seminaren und anderen Veranstaltungen wird auch an den Ruhetagen gekocht)

Plätze
86 Caféplätze
82 Außenplätze

Anfahrt
Mit dem Auto
A1 Hamburg Richtung Puttgarden bis Oldenburg/Holstein-Süd, dort auf der B202 15 km Richtung Kiel/Lütjenburg, in Kaköhl rechts 7 km nach Hohwacht, dort nach 400 m links in die Seestraße, den Hügel herunter, links Richtung Lippe, nach 70 m rechts Schild „Hotel Genueser Schiff“

Mit der Bahn
Oldenburg i. H., Kiel oder Plön (ZOB/Bahnhof Plön); Taxi oder Bus (von Plön Linie 350) über Lütjenburg nach Hohwacht (mit Bus bis zum Berliner Platz)

Extras
- Feiern und Tagungen im Hotel möglich

Herzogtum Lauenburg und Stormarn

Region 6

1 Café Salomon

120

Pötrauer Straße 19
21514 Büchen-Pötrau
Tel. 0 41 55-49 88 24 o.
0172-5400905

2 Antik-Café bric-a-brac & more

122

Hauptstraße 51
23898 Labenz
Tel. 0 45 36-89 08 46
Fax 0 45 36-89 08 47

3 Café Vokuhl

123

Dorfstraße 12
23881 Lankau
Tel. 04542-843730
Fax 04542-853961

4 Kaiser's Café & Hofladen

124

Seestraße 58
23911 Salem
Tel. 0 45 41-84 04 41
Fax 0 45 41-87 94 83

5 Alter Haferkasten

126

Hauptstraße 26
23847 Schiphorst
Tel. 0 45 36-80 86 85
Fax. 0 45 36-80 86 89

Charmante Altstadtgässchen wie hier in Ratzeburg finden sich in vielen Orten des Herzogtums Lauenburg.

Versteckte Seen, ausgedehnte Wälder, prachtvolle Herrenhäuser, beschauliche Städtchen: Willkommen im südlichsten Zipfel des „Landes zwischen den Meeren“. Wanderer, Radler, Reiter und Kanuten finden hier ein Paradies, und das nur einen Katzensprung von den Ostseestränden und der Metropole Hamburg entfernt. Vor allem der Naturpark Lauenburgische Seen lockt seit jeher Erholungssuchende ins Herzogtum Lauenburg. Der Nachbarkreis Stormarn ist mehr für seine blühende Wirtschaft bekannt als für seine Parks und Gärten. Doch lohnt die „grüne Brücke“ zwischen Lübeck und Hamburg schon aufgrund ihrer gut ausgebauten Rad- und Wanderwege einen Besuch und lädt ein, bisher unbekannte Seiten Schleswig-Holsteins zu entdecken.

Eine schöne Möglichkeit, Stormarns reizvolle Landschaft zu erkunden, bietet eine Wanderung auf dem Stormarnweg. Über Wald- und Feldwege und stillgelegte Bahntrassen geht's von der „Karpfenstadt“ Reinfeld im Norden bis Reinbek im Süden. Von Oktober bis März zieht es Fischliebhaber nach Reinfeld, denn dann ist Karpfensaison, die gebührend mit einem Fest eingeläutet wird. Nächstes Ziel ist Bad Oldesloe, dessen schmucke Altstadt von Beste und Trave umspielt wird. Die Heilquellen, der die Kreisstadt ihren Titel „Bad“ verdankt, sind zwar ebenso versiegt wie der Kurbetrieb stillgelegt ist, doch lässt sich beim Bummel zwischen den restaurierten Bürgerhäuschen oder durch den reizvollen Kurpark der Charme der einstigen Kurstadt erspüren.

Auch an Möllns Marktplatz lockt ein Café zur Kaffeepause.

An den malerischen Herrenhäusern Altfresenburg, Nütschau und Grabau vorbei kommt Gut Jersbek in Sicht: Das Herrenhaus befindet sich in Privatbesitz und ist nicht öffentlich zugänglich, dafür entschädigt der Rundgang durch die prächtige barocke Gartenanlage allemal. Kurz vor den Toren Hamburgs ist eine der bekanntesten Sehenswürdigkeiten im Norden erreicht: Schloss Ahrensburg, das herrschaftlich über einem Wassergraben thront. Einst im Besitz der adligen Familien Rantzau und Schimmelmann, beherbergt der weiße Renaissancebau heute ein Museum zur schleswig-holsteinischen Adelskultur mit kostbarem Mobiliar, Porzellan und Gemälden.

Letzte Station des Streifzugs durch das Stormarner Land ist, nur 30 Autominuten von Hamburg entfernt, Schloss Reinbek. Die aufwendig restaurierte Anlage des 16. Jahrhunderts wird vom Kreis als Kulturzentrum genutzt und gibt etwa Konzerten des Schleswig-Holstein Musik Festivals einen würdigen Rahmen. Zu seiner Glanzzeit diente Reinbek dem Herzog von Schleswig-Holstein-Gottorf als Jagdschloss. Ziel der adligen Parforcejagden war der nahe Sachsenwald, heute Teil des Herzogtums Lauenburg. Zwischen Kiefern, Buchen und Eichen tanken nun Spaziergänger ausgiebig Sauerstoff. Schleswig-Holsteins größtes Waldgebiet ist übrigens seit 1871 im Besitz der Familie Bismarck. In Friedrichsruh erinnern das Mausoleum und ein Museum an den Eisernen Kanzler. Kinder pilgern lieber in den Garten der Schmetterlinge, den die heutigen Bismarcks eingerichtet haben.

Ganz im Süden des Herzogtums Lauenburg bildet die Elbe die Landesgrenze zu Niedersachsen. An ihrem Ufer verläuft der Elberadweg und ermöglicht den besten Blick auf die lebendige Flusslandschaft und die vorbeiziehenden Schiffe. Die Elbstädte Geesthacht und Lauenburg lassen sich so prima auf zwei Rädern „erfahren". In der alten Schifferstadt Lauenburg ankert der Museumsraddampfer „Kaiser Wilhelm" und lädt zu Fahrten auf der Elbe ein. Sogar bis Lübeck können Ausflügler schippern – auf dem Elbe-Lübeck-Kanal. Ab Lauenburg folgt der Kanal dem Verlauf des alten Handelswegs, heute „Alte Salzstraße" genannt, der Lüneburg und Lübeck miteinander verband. Denn bevor gewitzte Kaufleute eine Wasserstraße bauten, mussten die Güter, allen voran das wertvolle Salz aus Lüneburg, mühsam über Land gekarrt werden.

Ob zu Wasser oder auf dem Radfernweg „Alte Salzstraße", beide Routen führen mitten ins Herz des Herzogtums Lauenburg, in den Naturpark Lauenburgische Seen. Über 40 Seen durchziehen die waldreiche Hügellandschaft, in der Seeadler, Kraniche, Schwarzstörche und Fischotter zu Hause sind. Aufgrund der Lage im einstigen Zonenrandgebiet konnte sich die Natur hier nahezu ungestört entfalten. Mitten durch den Schaalsee verlief die frühere innerdeutsche Grenze, heute die Grenze zu Mecklenburg-Vorpommern. Im Naturpark lässt sich's stundenlang radeln, reiten oder wandern, ohne einer Menschenseele zu begegnen. Wassersportler frönen ihren Hobbys etwa auf dem Ratzeburger See, dem Küchensee und den Möllner Stadtseen. Baden ist fast überall erlaubt und Angler werfen ihre Rute an einem der lauschigen Waldseen aus. Auch Kulturinteressierte kommen auf ihre Kosten: Sie wandeln in Mölln auf den Spuren Till Eulenspiegels, der hier im 14. Jahrhundert seinen Schabernack getrieben haben soll.

Ratzeburg im Norden des Naturparks steht ganz im Zeichen Heinrichs des Löwen: Weithin sichtbar erhebt sich der vom mächtigen Herzog gestiftete Backsteindom über der Inselstadt, die von vier Seen umgeben ist. Warum nicht den Tag mit einer gemütlichen Bootsfahrt beschließen?

Ziel für Ausflügler und Angler: der Ratzeburger See.

1 Café Salomon – Veranstaltungscafé der Lebensart

Adresse
Pötrauer Straße 19
21514 Büchen-Pötrau
Tel. 0 41 55-49 88 24 o.
0172-5 40 09 05

E-Mail: dorosalo@yahoo.de

Öffnungszeiten
Sonntag von
14.30 – 18 Uhr

Plätze
40 Caféplätze
20 Außenplätze

Kulinarisches – Kunstvolles – Kulturelles: Unter diesem Motto hat sich die engagierte Designerin und begeisterte Bäckerin Dorothee Vöpel mit ihrem Café einen Traum erfüllt. Seit 2010 verwöhnt sie in der Galerie ihres Vaters ihre Gäste mit ausgewählten süßen Leckereien und Kaffeespezialitäten inklusive Kunstgenuss bei wechselnden Ausstellungen und musikalischen Veranstaltungen. Auf Hof Vöpel in Büchen, der sich schon seit 1648 in Familienbesitz befindet, baute der Künstler und frühere Landwirt Ludwig Vöpel die geräumige Diele und den Heuboden zu einer Galerie um. Die Lust am Verwandeln und Gestalten war der Tochter sozusagen schon in die Wiege gelegt. Das schlägt sich im Café in immer wieder neuen kulinarischen Kreationen und Veranstaltungsideen nieder, in denen es Dorothee Vöpel jedes Mal gelingt, eine Brücke zu schlagen zwischen Gaumenfreuden, Kunst, Musik und Literatur. Ihre Begeisterung überträgt sich auch auf ihre Gäste, die das besondere Ambiente und die nette Bewirtung genießen, sei es bei

Mottoveranstaltungen zum Thema „New York" oder „Schottland" oder bei einer literarisch-kulinarischen Weinprobe. Interessierte Besucher sind herzlich eingeladen, im angrenzenden Wald und Skulpturenpark Werke von Ludwig Vöpel zu besichtigen, der in den 1980er Jahren begann, Findlinge in Stahlkonstruktionen zu integrieren. Noch mehr Kultur und eine Dauerausstellung über alte Grenzverläufe gibt es in der alten Priesterkate gegenüber der Marienkirche zu besichtigen. Das traditionelle niedersächsische Fachhallenhaus stammt übrigens aus der gleichen Zeit wie der Hof der Familie Vöpel. Direkt in Büchen startet auch die „Denkmaltour", eine 29 Kilometer lange Rundreise zu den Denkmälern der Gemeinde und des Amtes Büchen, auf der man per Rad die wenig besiedelte, von zahlreichen Seen und Wasserläufen durchzogene Landschaft entlang der früheren innerdeutschen Grenze erkunden kann.

Anfahrt

Mit dem Auto
A24, Abfahrt Schwarzenbek; Richtung Schwarzenbek; dann Richtung Lauenburg/ Büchen; bis Büchen-Pötrau

Mit der Bahn
Bahnhof Büchen

Mit dem Fahrrad
Ab Bahnhof Büchen auf der Lauenburger Straße Richtung Pötrau

Extras

- Spezialitäten: Esterházy-Schnitte, Holländer Schnitten, Engadiner Walnusstorte, Friesentorte, selbstgemachte Pralinen und Kekse
- Regelmäßige kulturelle, künstlerische und kulinarische Veranstaltungen
- Motto-Veranstaltungen, wie z.B. „New York" und „Schottland" mit Dudelsackmusik live
- Regelmäßig Live-Klaviermusik
- Galerie mit wechselnden Ausstellungen

Sehenswertes in der Umgebung

- Zum Hof gehörendes Waldstück mit Skulpturenpark
- Marienkirche und Priesterkate in Büchen
- Radweg „Denkmaltour"
- Radwanderweg „Hamburg - Rügen"

Adresse
Hauptstraße 51
23898 Labenz
Tel. 0 45 36-89 08 46
Fax 0 45 36-89 08 47

E-Mail:
info@antik-cafe-labenz.de
www.antik-cafe-labenz.de

Öffnungszeiten
Do. - So. 10 - 18 Uhr
Ruhetage: Mo. - Mi.

Plätze
60 Caféplätze
(und Extraraum 32 Plätze)
36 Außenplätze

Anfahrt
Mit dem Auto
A1 Ausfahrt Ahrensburg, über Siek in Richtung Lütjensee, in Lütjensee rechts auf die L92 über Schönberg und Sandesneben nach Labenz.

Extras
- Verkauf von englischen Kleinantiquitäten und Wohnaccessoires
- Veranstaltungen wie Sonntagsbrunch, „Cream Tea Special“ (nur nach Anmeldung) oder Bratapfelessen (Wochenende vor dem 1. Advent)

Sehenswertes in der Umgebung
- Labenzer Rosenpark
- Ratzeburg
- Mölln
- Lübeck

2 Antik-Café bric-a-brac & more

Mrs Beeton’s Apple Pie, britischer Früchtekuchen oder Schokotorte mit Orangensahne - very british geht es im Café von Bettina Hansmeyer zu. Nicht nur die genannten süßen Verführungen, übrigens alle selbst gemacht von Ehemann Peter Behrens, lassen die Herzen von Freunden britischer Lebensart höherschlagen, sondern auch das Auge isst mit: Bis ins Detail sind die anheimelnden Räume im englischen Stil liebevoll eingerichtet. Dass Frau Hansmeyer ihre Gäste zu verwöhnen weiß, zeigt sich auch beim Landhausfrühstück, unter anderem mit Rührei, Speck und Grilltomate und gebratenen Champignons, das donnerstags bis samstags serviert wird, oder beim sonntäglichen Brunch. Und echte England-Fans melden sich zum „Cream-Tea-Special“ an, um in den Genuss von Scones mit Clotted Cream, Sandwiches und Petits Fours zu kommen. Wer sich ein Stückchen England mit nach Hause nehmen möchte, stattet dem Laden nebenan einen Besuch ab und deckt sich mit Kleinantiquitäten oder hübschen Dekostücken von der Insel ein. Und nimmt sich anschließend noch ein Stück Torte, Kuchen oder Apple Pie fürs heimische Sofa mit.

3 Café Vokuhl

Natur pur - im „Land der vierzig Seen“. In der wald- und wasserreichen Hügellandschaft des Naturparks Lauenburgische Seen zwischen Mölln und Ratzeburg finden Erholungssuchende und Aktivurlauber ein wahres Paradies. Gut ausgeschilderte Rad-, Reit- und Wanderwege führen durch die dünn besiedelte Landschaft, teilweise auf den Spuren historischer Handelswege, durch schattige Alleen und Wälder, vorbei an verträumten Seen und romantischen Dörfern. Und auch wenn die hügelige Moränenlandschaft manchmal etwas „in die Waden geht“, kann man sich bei der nächsten Badestelle bei einem Sprung ins kühle Nass erfrischen. Oder man gönnt sich zur Belohnung eine Pause in einem gemütlichen Landgasthaus oder Bauernhofcafé. Das Café Vokuhl in Lankau hat für solche Fälle ein ganz besonderes Angebot: Die „Tour de Tarte“ beinhaltet drei Stunden Radfahren, ein Kännchen Kaffee und ein Stück Fitnesstorte. Bei der verführerischen Auswahl am Tortenbuffet möchte man am liebsten gleich ein paar Tage bleiben, um sich von Aprikosen-Joghurt- bis Schoko-Eierlikör-Torte durchzuprobieren. Auch das ist kein Problem, denn Familie Vokuhl bietet in ihrem Velohotel familiäre, unkomplizierte Unterkunft für Radfahrer, Wanderer und Naturliebhaber. Hier kann man auch Fahrräder mieten und auf GPS-Tour gehen.

Adresse
Dorfstraße 12
23881 Lankau
Tel. 0 45 42-84 37 30
Fax 0 45 42-85 39 61
E-Mail: paruvo@arcor.de
www.cafe-vokuhl.de

Öffnungszeiten
01. Mai bis 16. September:
Mi.-Fr. 11 - 18 Uhr,
Sa. und So. 9 - 18 Uhr
17. September bis 30. April :
Fr. - So. 14 - 18
Weihnachten bis Mitte Januar geschlossen

Plätze
140 Caféplätze,
100 Außenplätze

Anfahrt
Mit dem Auto
B207 zwischen Mölln und Ratzeburg dem Abzweiger Nusse folgen

Mit der Bahn
Bahnhof Mölln oder Ratzeburg (7 km)

Extras
- Themenbuffets
- Fahrradmietstation, z. B. „Tour de Tarte“ mit 3 Stunden Radfahren, Kaffee und Fitnesstorte
- Velohotel (bett+bike ADFC)
- Spielscheune, Basketball, Fußball, Trampolin, Tischtennis, Schaukeln, Rutschen, Klettern, Sandkiste

Übernachtung
8 Zimmer im Velohotel vor Ort

Sehenswertes in der Umgebung
- Naturpark Lauenburgische Seen
- Radwanderwege: Alte Salzstraße, Eiszeittour, Stecknitztour, Mittelaltertour
- Eulenspiegel-Stadt Mölln
- Erlebnisbahn Schmilau
- Ratzeburger See
- Kanu- und Tretbootfahren
- Hamburg, Lübeck, Schwerin

4 Kaiser's Café und Hofladen

Adresse
Seestraße 58
23911 Salem
Tel. 0 45 41-84 04 41
Fax 0 45 41-87 94 83

E-Mail: info@kaiserhof-salem.de
www.kaiserhof-salem.de

Öffnungszeiten
November bis Februar
Di. - So. 7 - 18 Uhr
Montags geschlossen

März bis Oktober
Tägl. 7 - 18 Uhr

Gruppen nach Voranmeldung

Plätze
130 Caféplätze
100 Außenplätze

Schottland mitten in Schleswig-Holstein? Fällt der Blick auf die Galloway-Rinder der Familie Kaiser, könnte man das fast meinen: 160 Tiere umfasst die große Herde mittlerweile, Tendenz steigend. Angefangen hat alles ganz harmlos: Im Herbst 1995 lösten Manuela und Jürgen Kaiser ihren Kuhstall auf und verkauften die Milchkühe. Da die Weiden weiter bewirtschaftet werden mussten, ließen sie darauf die Rinder eines Bekannten laufen. So kamen die ersten schottischen Galloways nach Salem. Aus den bescheidenen Anfängen ist ein moderner Hof entstanden – 2004 zogen die Kaisers mit Kind und Kegel und gesamtem Betrieb in ihren Neubau. Dieser war notwendig geworden, weil die Direktvermarktung vom Galloway-Fleisch und vom eigenen Spargel allmählich eine zentrale Rolle im „kaiserlichen" Hause eingenommen hatte.

Die Produktpalette ist mittlerweile riesig und reicht vom selbst gebackenen Brot über Spargel und Kartoffeln aus eigenem Anbau, Fleisch und Wurst aus eigener Zucht (probieren Sie den köstlichen Gal-

loway-Schinken!) bis hin zu Molkereiprodukten, Weinen, Likören und hausgemachter Marmelade. Wem das noch nicht reicht, der findet im Hofladen auch Geschenkartikel und Wohnaccessoires als Souvenirs für die Daheimgebliebenen.
Doch immer mit der Ruhe, wer denkt denn schon wieder an zu Hause? Nebenan lädt der große Naturcampingplatz Salem zur unkomplizierten Übernachtung ein, fürs leibliche Wohl sorgt das Hofcafé der Familie Kaiser. Der perfekte Start in den Tag gelingt wochentags mit einem umfangreichen ländlichen Frühstück auf der großen Terrasse mitten im Grünen (8 - 11.30 Uhr) oder an Sonn- und Feiertagen (9 - 12 Uhr) mit dem reichhaltigen Frühstücksbuffet, das vorwiegend mit hofeigenen Produkten bestückt ist. Nahtlos geht es weiter mit kulinarischen Höhepunkten, wenn Sie zum Mittagessen bleiben (während der Saison frisch gestochener Spargel). Wenn Sie nun auch noch einen Blick auf die Torten- und Kuchenkarte riskieren, wird es ganz gefährlich: Schokoladentorte gefüllt mit Birnen, gedeckte Apfeltorte oder schlicht ein Stück Butterkuchen lassen einen alle guten Vorsätze vergessen.

Anfahrt

Mit dem Auto
A24, Abfahrt Talkau, auf der B207 Richtung Mölln, Abfahrt Mölln-Nord, weiter in Richtung Salem

Mit der Bahn
Bahnhof Ratzeburg oder Mölln, weiter mit Bus

Extras
- Spielecke
- Spielplatz
- Spargelfest
- Kartoffelfest
- Galloway-Zucht
- Hofführungen für Gruppen

Sehenswertes in der Umgebung
- Ratzeburg
- Lübeck
- Zarrentin
- Salemer See
- Schaalsee
- Naturschutzgebiet Pirschbachtal

Adresse
Hauptstraße 26
23847 Schiphorst
Tel. 0 45 36-80 86 85
Fax. 0 45 36-80 86 89

E-Mail:
info@alter-haferkasten.com
www.alter-haferkasten.com

Öffnungszeiten
Samstag, Sonntag und an Feiertagen 14 - 18 Uhr
Gruppen jederzeit nach Anmeldung

Plätze
60 Caféplätze, 30 Außenplätze

Anfahrt
Mit dem Auto
A1 Abfahrt Bargteheide; weiter auf der B404 Richtung Schwarzenbek; Abfahrt Sprenge/Todendorf, Richtung Schönberg; in Schönberg links über Franzdorf nach Schiphorst bis zur Ortsmitte

Extras
- Rosengarten
- Veranstaltungen, z.B. einmal im Monat Frühstücks- oder Brunchbuffet
- Feierlichkeiten bis zu 80 Personen
- Spielecke, Spielplatz
- Ponyreiten auf Anmeldung
- Kutschfahrten zu besonderen Anlässen
- Reitschule und Pensionsbetrieb

Sehenswertes in der Umgebung
- Museum im Kuhstall
- Vergessene Arbeit, Domäne Steinhorst
- Wildpark Mölln
- Ratzeburger See
- Lübeck

5 Alter Haferkasten – Hofcafé & Rosengarten

In der liebevoll renovierten, antik eingerichteten Backsteinscheune mit den alten Bauernschränken, den großen Blumenbildern an den hell getünchten Wänden und der mächtigen Balkendecke umweht einen sofort der Charme alter Zeiten. Dieses Gefühl setzt sich auch draußen im romantischen Rosengarten fort. Umgeben vom herrlichen Duft alter Rosen findet dort jeder seinen Lieblingsplatz, ein heimeliges Eckchen unterm Sonnenschirm oder im kleinen Pavillon. Ob draußen im Garten oder in der geschmackvollen Dekoration des hellen Innenraums, das Thema Rosen ist allgegenwärtig. Unter Birgit Wulfs leckeren hausgemachten Torten und Kuchen nach Großmutters Rezepten darf eine nie fehlen: ihre berühmte „Schneeweißchen-und-Rosenrot-Torte". Da sind sich alle Stammgäste und Tortenliebhaber einig. Für das einmal im Monat angebotene Brunchbuffet sollte man rechtzeitig reservieren, denn mittlerweile hat es sich herumgesprochen, dass man im Alten Haferkasten nicht nur mit süßen Leckereien, sondern auch mit regionalen Spezialitäten nach alten und neuen Rezepten verwöhnt wird. Zu besonderen Anlässen kann man sich mit dem alten Landauer, stilvoll mit Blumen geschmückt, kutschieren lassen, bei schönem Wetter mit offenem Verdeck, wie bei einer romantischen Landpartie früherer Zeiten.

Alter Haferkasten